郏县乡音俚语选编

JIAXIAN XIANGYIN LIYU XUANBIAN

王艳萍　王光洲——编著

河南大学出版社
HENAN UNIVERSITY PRESS
·郑州·

图书在版编目（CIP）数据

郏县乡音俚语选编 / 王艳萍，王光洲编著. -- 郑州：河南大学出版社，2023.5

ISBN 978-7-5649-5460-4

Ⅰ. ①郏… Ⅱ. ①王… ②王… Ⅲ. ①北方方言一方言研究一郏县 Ⅳ. ①H172.1

中国国家版本馆 CIP 数据核字（2023）第 085880 号

责任编辑 马 博

责任校对 时二凤 王 珂

封面设计 马 龙

出版发行 河南大学出版社

地址：郑州市郑东新区商务外环中华大厦 2401 号

电话：0371-86059701（营销部）

网址：hupress.henu.edu.cn 邮 编：450046

排 版 河南大学出版社设计排版部

印 刷 广东虎彩云印刷有限公司

版 次 2023 年 5 月第 1 版 **印 次** 2023 年 5 月第 1 次印刷

开 本 787 mm×1092 mm 1/16 **印 张** 15.5

字 数 188 千字 **定 价** 45.00 元

《郏县乡音俚语选编》编委会

序

Preface

王艳萍女士的《郏县乡音俚语选编》即将付梓，嘱我作序。我虽研究民俗，但平时对民间俗语关注较少，缺乏深入研究，只是在研究古代戏曲的过程中，发现戏曲中包含了大量民间俗语。例如元代戏剧家李寿卿作品《月明和尚度柳翠》楔子：

（搽旦、卜儿、同旦儿扮柳翠上，诗云）叫你当家不当家，及至当家乱如麻，早晨起来七件事，柴米油盐酱醋茶。

这里的搽旦所念“早晨起来七件事，柴米油盐酱醋茶”就是民间俗语。至于民间谚语、谜语、歇后语、行话，更是多如牛毛。如明代戏曲《鸣凤记》第五折：

（丑）哇！可恶这厮买干鱼的放生——不知死活。

（副净）老爷还是送流年的没春——不识好歹。

这里丑和副净说的都是明代的歇后语。古人放生自然要买活鱼，鱼干是死后晒干的鱼，焉能达到“放生”目的？因此答案是“不知死活”。“送流年的没春”，现代人可能不太好理解。流年指人的时间运程，古人相信命理，认为时间与人的吉凶祸福是联系在一起的，通过阴阳五行和天干地支推算人的运程称为算流年或送流年，由于农历的原因，二十四节气中的立春有时会出现在一个农历年的头尾，造成下一个农历年没有立春的情况，这种农历年往往被认为是不吉利的，要格外加以注意。算流年的人推算出的“好的流年”里却恰好是没有立春的年份，所以说不识好歹。

民间俚语大量出现在戏曲作品中，主要基于两点：首先，这些语言原本就是老百姓的口头创作，从生活中来，到生活中去，用在戏曲中，自然为广大百姓喜闻乐见。其次，这些俗语是老百姓从日常生活中提炼出的语言，幽默风趣，短小精悍，韵味无穷，用到戏曲中能起四两拨千斤的效果。例如，明代戏曲《荆钗记》第七出：

（末）是令兄宅上有个令爱，财主娶她做掌家娘子。

（丑）若说我侄女儿，只教你雪狮子向火——酥了一半。

雪狮子即雪后用雪堆成的狮子，向火，即遇火。冰雪遇火自然要融化，所以说雪狮子向火——酥了一半。这条歇后语用在此处有两个目的：一是形容丑的侄女儿长得美貌，任谁见了都会动心；二是说剧中的末是个贪色之徒，看见美女就想占为己有。一句简单的歇后语就把这么复杂的内涵表达出来，一句顶十句、百句。

因为做田野调查的关系，我曾数次到过郏县。郏县地处中原腹地，是历史悠久的千年古县，著名的大文豪苏东坡就长眠于此，文化底蕴极其厚重。郏县的乡言俚语与河南其他地方的俗语有很多交集，同时又带有鲜明的地域特色。主要表现在以下四个方面：

第一，带有鲜明的农耕文化烙印。郏县境内有大面积地势平坦的田畴，农耕条件极为优越，堪称河南中部粮仓。民俗语言源自民众的生产生活，因此郏县俚语中包含大量与农业生产有关的经验性知识。如预测天气变化和旱涝的谚语——“惊蛰动了风，吹到五月中”“立夏不下，旱到麦罢”“清明西北风，当年旱不轻”等，这些语言来自农人对当地天气变化的长期观察和概况总结，对农民种地有指导作用。还有一些俗语与农耕生产技术有关，如“春耕深一寸，等于一遍粪”，强调深耕的重要性；“底肥施在犁前头，苗肥施在春雨头”，指导农民施肥要抓住时机；“棉花锄八遍，棉桃赛鸡蛋”，强调棉田后期管理的重要性；“深种茄子浅种蒜”，教人们种植蔬菜的技术。类似的还有“挨鞭的是慢牛，出力的是快牛”“不闻大粪臭，哪知五谷香”“干牛粪上地，不如老母鸡的屁”等等。在这些与农业有关的俚语中，我们可以看出当地农民对于粮食的重视：“家有万担粮，说话也气长。”“家有万担谷，说话气也粗。”“手里有钱，办事不难；家里有粮日子不慌。”“国以民为本，民以食为天。”“家有万贯，粮菜各半。”这些都足以说明粮食在当地人心头沉甸甸的分量。

“哭不死的娃娃，旱不死的棉花”“秋天的棉桃——合不拢嘴”说明在当地除粮食生产外，棉花等经济作物广泛种植，是农民增加收入的主要来源。“秋后的芝麻——挨敲打”“高粱种撒麦地——秋后见高低”说明当地还普遍种植芝麻、高粱等农作物。“霜打的烟叶——蔫了”说明当地产烟。这些都反映了当地农业生产情况。

第二，商业文化氛围比较浓厚。当地流行的谚语中有很多与做生意有关，如：“一年能学成庄稼汉，十年学不成生意人。”“十年能进个秀才，十年学不会生意人。”“小买卖怕吃，大买卖怕赔。”“货不停留利自生。”“找上门的生意好做。”“生意不成仁义在，这次不成下次来。”“不怕不卖钱，就怕货不全。”“当面银子对面钱。”……在重农抑商的时代，当地为什么会有如此浓厚的商业文化氛围？我在当地的田野调查，可以解释这一现象产生的原因。郏县位于豫西山区通往豫东平原过渡的交通要道，自古商业发达。郏县冢头镇和附近的李家渡就是著名的水旱码头。2019 年夏，我在冢头镇发现一座明清时期的商业会馆遗址，根据院内遗留的碑刻来看，该会馆至迟在清初就已建成，据现存乾隆十九年（1754）《重修大殿暨庙门碑记》记载：“郏邑塚头镇，蓝水之上，旧有大王尊神暨关圣帝君庙也，山陕客商所建。”乾隆四十四年（1779）《重修会馆东西道院墙壁并整饬乐楼碑记》，记载了在当地经商的 42 家商号名称。位于郏县县城的山陕庙，也是明清时期山陕商人集资兴建的商业会馆，由此可知当地商业文化极为发达。

第三，儒家思想在当地民众中有很深的影响，这也反映在民间俗语上，如“有志不在年高，无志枉活百岁”“有品德不贱，有学问不贫”“银钱如粪土，仁义值千金”“鸟美在羽毛，人美在学问”“草无心不发芽，人无心不发达”“修身治家平天下”“宁给君子提鞋，不和小人同财”“三代不读书，好似一圈猪”“青丝不知勤学早，白头方知读书迟”“至乐莫如读书，至要莫如教子”。这自然要归功于当地发达的儒学文化。郏县是孔子后裔的主要定居地之一，唐代就有孔子后裔到郏县定居，“郏县派”是孔子家族十大支派之一。郏县文庙建于五代时期，是中原地区历史最悠久的孔庙之一。文庙建筑气势宏伟，石雕、木雕精美，技艺精湛，显示出当地民众对孔圣的敬仰和深厚的儒学传统。

第四，戏曲文化发达。郏县民间俚语中有大量与古代戏曲有关的内容，如“学戏先学声”“唱曲不出汗，累死没人看”“粗越调，细二黄，论听还是梆子腔”“音调要准，节拍要稳，韵味要浓，感情要真”“三分扮相，七分眼神”“说书人的嘴，唱戏人的腿”“唱戏的腿快”“老旦唱小生—— 不像样”“戏台上的夫妻—— 有名无实”“戏台上送诏书——假传圣旨”“戏台上父子——没大没小”“唱戏的腿抽筋——下不了台”“抓不住奸臣不煞戏”“唱戏的是疯子，看戏的是憨子”。这些内容反映出当地有深厚的戏曲文化底蕴。我在当地的调查也证明了这一点。郏县境内有大量的古戏台，这些戏台不仅保存完整，有的在墙壁上还遗留有古人演戏的舞台题壁，是研究当地古代戏曲文化的珍贵史料，弥足珍贵。例如，其中一座古戏台的舞台题壁就写有“河南湖北老少先生在此，同乐班大二黄一班”。由此可知，清代湖北的二黄戏班同乐班曾来此地演出。郏县民谚有“粗越调，细二黄，论听还是梆子腔”的说法，“细二黄”就是指湖北的二黄腔。这说明清代河南与湖北在戏曲上存在交流，河南的地方戏越调此时尚处于形成期，体制还不完备，故百姓评价其“粗”，不如湖北的二黄表演细腻。这些乡言俚语，记载了当时人们对当时各地方剧种的不同评价，对研究地方戏发展有一定参考价值。

民间文学是源自田野的学问，搜集地方乡音俚语是一项耗时耗力的工作，比的是腿功。也正因为如此，很多象牙塔里的学者不愿意去做这项工作。王艳萍女士一定花了很长时间，采访了许多老人，才把这些民间俗语汇集起来，这种集腋成裘的精神值得我们大家学习。在此向王女士表达敬意！再次祝贺此书的出版！

彭恒礼

河南省民间文艺家协会主席

目录

Contents

一 / 谚　语

二 / 歇后语

三 / 俗　语

一／谚语

自然

※ 立春一日，百草发芽。

※ 立春晴，一春晴。

※ 春雷响，万物长。

※ 春打五九尾，
来年冻死鬼。

※ 腊月立春春水早，
正月立春春水迟。

※ 春天孩儿脸，
一天变三变。

※ 开春一场雨，
秋收万石（dàn）粮。
（石，容量单位，10 斗为 1 石。）

※ 元宵雪打灯，
今年好收成。

※ 不怕正月冷，
就怕二月寒。

※ 惊蛰打雷，小满发水。

※ 惊蛰动了风，
吹到五月中。

※ 雷打惊蛰前，
春季雨涟涟。

※ 清明断雨，谷雨断霜。

※ 立夏不下，旱到麦罢。

※ 三伏加一秋，
白天热烘烘，
夜晚冷风飕飕。
（秋，指立秋节气。）

※ 过了清明，
多睡一目愣。
（目愣，方言，指一会儿。）

※ 雨打清明头，
一十八天不套牛。

※ 清明西北风，
当年旱不轻。

※ 清明过三天，
脱了棉袄换单衫。

※ 过了三月三，
脱了棉衣穿布衫。
（布衫，指单衣。）

※ 一场春风对场雨，
一场秋风对场霜。

※ 一场春雨一场暖，
十场春雨脱了棉；
一场秋雨一场寒，
十场秋雨穿上棉。

※ 麦怕四月风，
风过一场空。

※ 小满南风年景好。

※ 小满十八天，
不熟也要干。

※ 芒种打雷是旱年。

※ 芒种天晴，夏至有雨。
芒种有雨，夏至晴天。

※ 芒种火烧云，
夏至雨淋淋。

※ 夏至无雨三伏热，
重阳无雨一冬干。

※ 立夏不下，无水洗耙；
小满不满，无水洗碗。

※ 立夏立夏，脱棉穿纱。

※ 立秋一场雨，
夏衣高搁起。

※ 夏至落大雨，
八月涨大水。

※ 一年三季东风雨，
独有夏至东风晴。

※ 天长，长不过五月；
天短，短不过十月。

※ 长五月，短十月，

不长不短二八月。

※ 初伏有雨，伏伏有雨。

※ 三伏大暑热，
冬天多雨雪。

※ 打雷立秋，干死泥鳅。

※ 立了秋，把扇丢。

※ 七月半，八月半，
蚊子还在脚下窜。

※ 七月十五定旱涝，
八月十五定收成。

※ 八月十五月正南，
瓜果石榴摆满盘。

※ 秋后一雷，百日无霜。

※ 过了九月九，
大夫高抄手。

※ 过了十月一，
就要穿棉衣。

※ 白露秋分夜，
一夜寒一夜。

※ 立冬东北风，
冬季好天空。

※ 冬至听雷响，
来年雨不足。

※ 冬至暖，烤火到小满。

※ 吃过冬至饭，
一天长一线。

（一线，指农妇用来纳鞋底的线，冬至后，白天变长，约为纳鞋底一针线时间。）

※ 冬至后十天，
必定是阳历年。

※ 一九二九不出手，
三九四九冰上走，
五九六九顺河看柳，

七九河开，八九燕来，
九九杨落地，
十九杏花开。
（杨落地，指杨树花穗。）

※ 三九四九，冻死猪狗。
五九六九，春风摆柳。

※ 腊七腊八，冻掉下巴。

※ 冷在三九，热在三伏。

※ 冷不过三九，
热不过三伏。

※ 九里一场风，
伏里一场雨。

※ 大寒一夜星，
谷米贵如金。

※ 该冻不冻，长疮生病；
该热不热，五谷不结。

※ 椿树发芽早，
当心防大涝。

※ 正月初一没星星，
沥沥拉拉到清明。

※ 正月雷，遍地贼；
二月雷，土骨堆；
三月雷，麦骨堆。
（土骨堆，指坟，二月打雷人易染病。）

※ 初一初二不见面，
初三初四一条线，
初五初六月牙子，
初七初八半拉子，
十五六，两头露，
十七八，黄昏瞎。
（黄昏瞎，方言，月亮会晚点儿出来。）

※ 二十八九，月亮出来扭一扭。

※ 初七初八月半明，
十五十六月光明。

※ 二十出头，
更深夜静月露头。

※ 二十五六，
月亮出来四更后。

※ 二十七八，
月牙迎朝霞。

※ 三十初一月黑头，
不到天亮难使牛。
（使牛，指用牛犁地。）

※ 连阴夜晴没好天。

※ 久旱西风雨，
久涝东风晴。

※ 雾气不连地，
出门莫犹豫；
雾气连了地，
出门带雨具。

※ 雾下河谷大晴天。

※ 雨夹雪，下半月。

※ 关门风，开门住，
开门不住刮倒树。

※ 鸡不回笼，来日不晴。

※ 蚂蚁闭户有雨，
麻雀归巢有风。

※ 东北风头大，
西北风腰粗。

※ 九月雷公发，
大旱一百八。
（一百八，即一百八十天，指半年。）

※ 八月初一下一阵，
旱到来年五月尽。

※ 早上冷，下午热，
要想下雨等半月。

※ 五月十三，关爷磨刀。
（磨刀时需要水，故指要下雨。）

※ 夜里东风掀，
明天是好天。

※ 元月二十三，
龙王滚沙滩。
（龙王滚沙滩，指天下雨。）

※ 露水下去是晴天。

※ 晚看西南晴，
来日必定晴。

※ 雨下甲子头，
四十五天不使牛。

※ 早上下雨一天晴，
夜里下雨到天明。

※ 天上黑洞洞，
必定要刮风。

※ 南山雾腾腾，
不是下雨便刮风。

※ 久雨见星光，
明早雨更旺。

※ 东风阴，西风晴，
刮了南风下不成。

※ 久晴大雾必阴，
久雨大雾必晴。

※ 乌云接驾，不远就下。

※ 雷声隐隐续不断，
纵然下雨也有限。

※ 乌云接日底，
下雨半夜里。

※ 天上马尾云，
雨打窗户门。

※ 密云狂风静一阵，
有雨不必问。

※ 八月十五云遮月，
正月十五雪打灯。

※ 初一、十五天不好，
这月晴天一定少。

※ 晚晴四十五天，
早晴一晌午。
（指连续阴雨天的时候。）

※ 云交云，雨淋淋。

※ 雨淋白露节，
大旱十个月。

※ 天上钩钩云，
地上雨满盆。

※ 日头戴高帽，
风雨必定到。

※ 日落乌云涨，
半夜听雷响。

※ 日头钻窟窿，
沟满河槽平。

※ 早雨不会大，
只怕午后下。

※ 日晕雨，月晕风，
缸泛晕，下满坑。

※ 早雨天晴，晚雨难晴。

※ 日落乌云升，
半夜听雨声。

※ 瑞雪兆丰年。

※ 日落红云升，
劝君莫远行。

※ 太阳现一现，
三天不见面。
（指连续阴雨天的时候。）

※ 太阳月亮穿外衣，
不是刮风就下雨。

※ 三月南风不过三，
四月南风刮一天。

※ 天高无雨，秋深有霜。

※ 过了白露节，
夜寒白天热。

※ 天变动，水鸭鸣。
早叫阴，晚叫晴，
半夜叫唤到不明。
（半夜水鸭鸣，指不到天明就下雨。）

※ 重阳不下，看十三；

十三不下，一冬干。

※ 月亮旁边有黄圈，
下雨就在一半天。

※ 正月冷，二月热，
三月要下桃花雪。

※ 星空高无顶，
雨水没踪影。

※ 黑云对着白云跑，
这场冰雹少不了。

※ 云下有阳光，
天晴定无妨。

※ 鱼儿出水跳，
风雨就来到。

※ 蜻蜓飞得低，
出门带蓑衣。
（蓑衣，指一种用龙须草编织成的雨衣。）

※ 炸雷雨小，闷雷雨大；
雷轰天边，大雨连天。

※ 喜鹊搭窝高，
当年雨水涝。

※ 烟囱不冒烟，
一定是阴天。

※ 五更起风，白天更凶。

※ 清早烧霞，后晌沤麻。

※ 燕子低飞，蛇过道，
大雨不久就来到。

※ 烟扑地，缸上潮，
闷气升，大雨到。

※ 天上花花云，
地上晒死人。

※ 七阴八下九不晴，
二十四五见光明。

※ 东虹呼呼西虹雨，

出了南虹卖儿女。
（出了南虹，指要出现年馑。）

※ 白露晴天白云多，
等着来年吃糖馍。

※ 雨吃虹，下一丈；
虹吃雨，下一指。

※ 燕子钻天，大雨无边。

※ 燕子低飞要下雨，
燕子高飞晴万里。

※ 有钱难买五月旱，
六月连阴吃饱饭。

※ 电光如鞭刺耳鸣，
大雨随后行。

※ 黄昏起云半夜开，
半夜起云雨就来。

※ 清晨地罩雾，
尽管洗衣服。

※ 云吃雾，雨不住；
雾吃云，晒死人。

※ 久雨泛星光，
次日雨水旺。

※ 西北风驾红云，
大雨冰雹吓死人。

※ 蚂蚁成群爬上墙，
雨水淋湿大屋梁。

※ 鸡叫刮大风，
刮到点上灯。

※ 南风不过午，
过午必过夜。

※ 清早起，晌午住，
晌午不住刮倒树。

※ 风是雨头，风停雨稠。

※ 东北风，雨祖宗。

※ 交过十月节，
风来就是雪。

※ 久旱东风雨，
久涝南风晴。

※ 从东疙瘩云，
不过三天雨来临。

※ 黑云遮太阳，
下雨当晚上。

※ 蚂蚁斗架，定有雨下。

※ 黑云带黄梢，
大雨加冰雹。

※ 烧霞烧过顶，
不过三天下满井。

※ 冬天云黄红，
防备下冰凌。

※ 天暖又积云，
大雪定扑门。

※ 天上出现鲤鱼斑，
场里晒谷不用翻。
（鲤鱼斑，指像鱼鳞状的云。）

※ 云对风行，天不会晴。

※ 云彩南，水涟涟；
云彩北，干研墨；
云彩东，刮场风；
云彩西，披蓑衣。

※ 滴水成泡，必是连阴天到。

※ 鸡在高处鸣，
雨止天要晴；
鸡子早上窝，
天晴必暖和。

※ 大刘山戴帽，长工睡觉。

※ 鸡子择毛，必有雨到。

※ 有雨山戴帽，
无雨山没腰。

※ 鸡早宿窝天必晴，

鸡晚进笼天必雨。

※ 蠓蠓虫扑脸，下雨不远。

※ 今朝鸡鸭早上窝，
明朝太阳准红火。

※ 天热人又闷，
下雨不用问。

※ 早烧云不出门，
晚烧云晒死人。

※ 春打雷，雨跟随。

※ 朝霞不出门，
晚霞行千里。

※ 墨云稠，雨点流。

※ 热生风，冷生雨。

※ 淋伏头，晒伏尾。

※ 月发红，大风定。

※ 烟扑地，有潮气。

※ 三月西南风，
秋雨落不停。

※ 下雪不冷化雪冷。

※ 清早下雨一天晴。

※ 旱年冬天爱刮风。

※ 冬雾连阴夏雾晴。

※ 泥鳅打滚，雨下牢稳。

※ 炸雷雨不长，
闷雷雨量大。

※ 云自东北起，
必定有风雨。

※ 石头出汗，天气要变。

※ 早上浮云走，
晌午晒死狗。

※ 燕子低飞狗洗澡，
一场大雨少不了。

※ 雾里日头，晒破石头。

※ 前雪等后雪，
必定有大雪。

※ 久晴生雾雨，
久雨生雾晴。

※ 水面起泡，大雨就到。

※ 急雨易晴，慢雨难开。

※ 雷轰天顶，有雨不猛。

※ 蜘蛛结网，天放晴。

※ 蜘蛛上吊，大雨前兆。

※ 喜鹊乱叫，阴雨天到。

※ 蚂蚁搬家，河水要发。

※ 头伏有雨，伏伏有雨。

※ 有一旱必有一涝，
有一涝必有一旱。

※ 风三风三，一刮三天。

※ 长虫过道，雨打青苗。

※ 水缸穿裙，阴雨来临。
（水缸穿裙，指水缸贮水部位返潮。）

※ 羊群贪饱雨不小，
猪仔衔草雨要到。

※ 早晨起雾天无雨，
夜里起雾雨绵绵。

※ 雪下高山，霜打平地。

※ 小雀守着屋檐叫，
近两天里大雨到。

※ 晚上无云，霜如白银。

※ 燕子低飞喜鹊噪，
夜里必定大雨到。

※ 蜻蜓低飞雨快到，
燕子低飞天晚晴。

※ 雾上山头有大雨，
雾下河谷艳阳天。

※ 蜻蜓贴地飞，
明天穿泥屐。
（泥屐，指一种下雨天穿的木制雨鞋。）

※ 蛤蟆早晨叫，
雨天快来到。

※ 蚊子成群嗡嗡叫，
晴天将有大雨到。

※ 蜻蜓点水必有雨。

※ 燕子飞得低，
明天雨凄凄。

※ 蜜蜂迟归窝，
明天有雨落。

※ 屎壳郎通夜忙，
隔天好晒粮。

※ 日落云里走，
雨在半夜后。

※ 倭瓜花向下，
天气要变化。

※ 桃树出胶，大雨将到。

※ 蚂蚁连成行，
晴天不会长。

※ 桐花骨朵白，
明年多穿雨鞋。

※ 蜜蜂采蜜忙，
明年要慌张。

※ 柳根长红须，
今年雨水足。

※ 冬暖夏雨少，
冬寒夏雨多。

※ 墙根潮，天长毛。

※ 红云变黑云，
必然大雨淋。

※ 闷雷打横闪，
雹子大如碗。

※ 草灰结成饼，
风雨后边等。

※ 低云不见走，
落雨等不久。

※ 星星眨眼，必有雨点。

※ 水沫两边淌，
洪水继续涨。

※ 雨落鸡鸣头，
行路不用愁。

※ 芒种火烧天，
夏至雨连绵。

※ 灶烟往下落，
不久大雨泼。

※ 早上炮台云，
午后雨来临。

※ 雷公先唱歌，
有雨也不多。

※ 久晴响雷必大雨，
久雨响雷必天晴。

※ 太阳倒笑，晒破核桃。

※ 早上出虹是雨天，
下午出虹是晴天。

※ 天阴没露水，
风大露水稀。

※ 蜻蜓连成片，
河水涨上岸。

※ 四面雾腾腾，
五更便刮风。

※ 西北恶云长，
雹子在后晌。

※ 日落黑云起，
半夜下大雨。

※ 有风不起雾，
十雾九晴天。

※ 月带圈，口朝南，
次日大风要出现，
月带圈，没有口，
大雨下得人难走。

※ 日晕三更雨，
月晕干刮风。

※ 早上暖烘烘，
不是下雨便刮风。

※ 早晴晴不住，
晚晴十八天。

※ 黑云穿银河，
半夜大雨落。

※ 中午雾不散，
来日无晴天。

※ 老母猪垫窝，
不是冷风便下雪。

※ 羊恋坡吃草，
明天风雨来得早。

※ 鸟高飞，晴天见，
鸟低飞，雨来到。

※ 云下高山要下雨，
云上高山好晒衣。

※ 霜后南风连夜雨，
霜后东风一月晴。

※ 牛羊驴马不进圈，
地震就要来打缠。

※ 鸭子狂奔狗跳墙，
地震就在一两晌。

※ 数九不冷又无雪，

暑伏之中雨水缺。

※ 一日南风三天暖，
三日南风变了脸。

※ 东风下雨西风晴，
刮了南风下不成。

※ 东风送湿，西风干；
南风吹暖，北风寒。

※ 燕子趴地蛇过道，
蚂蚁搬家山戴帽，
水缸出汗蛤蟆叫，
一场大雨必定到。

※ 泥鳅水里往上窜，
不久大风刮破天。

※ 鱼翻膘，雨到了。

※ 有雨四方亮，
无雨头顶亮。

※ 正月打雷人脆，
二月打雷人贵。

※ 冬季日落满山红，
明天一早有霜冻。

※ 鸠鸣无雨，雀噪天晴。

※ 正午日头现一现，
还得三天不见面。

※ 烟气不出门，
不久雨倾盆。

※ 灶房不出烟，
来日必阴天。

※ 先下毛雨无大雨，
后下毛雨无晴天。

※ 关节凉，天变样，
腰腿疼，天不晴，
疮疤痒，雨滴响。

※ 蚂蚁满地跑，
当时天气好。

※ 春雾晴，夏雾热，
秋雾冷风，冬雾雪。

※ 南风刮得大，
起了东风就要下。

※ 天河东西，准备冬衣。

※ 晚霞乌云接，
黄土晒成铁。

※ 雨后猪乱跑，
天气要转好。

※ 蚂蚁搬家天气变，
蜜蜂出笼天放晴。

※ 夏雾雨来秋雾阴，
冬天有雾霜跟紧。

※ 青石泛潮，大水漫桥。

※ 东北风，疙瘩云，
必有大雨要来临。

※ 云生东北，雾长东南。

※ 雨中知了叫，
预报晴天到。

农业

※ 七十二行，种地为王。

※ 春时值千金，
季节不饶人。

※ 立春一年端，
种地早盘算。

※ 这粮那粮，小麦为王。

※ 稠谷子稀麦坑死人。

※ 麦忙不算忙，
忙在豆叶黄。

※ 土地不深翻，
麦根无处钻。

※ 要叫忙，豆叶黄，
又耕地来又打场。

※ 春耕深一寸，
等于一遍粪。

※ 春耕不肯忙，
秋后脸饿黄。

※ 秋收及时雨，
麦收当年墒。

※ 水是地的娘，
无水苗不长。

※ 衣服不洗要脏，
种田不犁要荒。

※ 大寒见三白，
多种谷荞麦。

※ 无事田地走，
谷米长几斗。

※ 早一日，早一春，
早个时辰早生根。

※ 人不亏地，地不亏人。

※ 人哄地一时，
地哄人一年。

※ 小麦不怕草，
就怕胡乱搅。

※ 种地不用问，
除了工夫就是粪。

※ 地犁三遍，黄金不换。

※ 春看粪堆，秋看粮堆。

※ 地是铁，麦是钢，
地里没粪庄稼荒。

※ 鸭子屎，扁嘴粪，
上到地里才有劲。

※ 春夏多积一筐粪，
秋后多打一斗粮。

※ 冬麦要压，越压越发。

※ 常垫猪圈掏鸡窝，
腿勤手快积肥多。

※ 种棉没巧，清除杂草。

※ 没有粪臭换，
不来五谷香。

※ 底肥施在犁前头，
苗肥施在春雨头。

※ 人瘦脸黄，地瘦没粮。

※ 庄稼活，不用学，
人家咋着咱咋着。

※ 庄稼一枝花，
全靠肥当家。

※ 农家肥，营养全，
施一季，壮三年。

※ 粪是庄稼宝，
无肥长不好。

※ 大麦八分熟，
小麦九分收。

※ 白露早，寒露迟，
秋分种麦正当时。

※ 白露种高山，
寒露种平原。

※ 种地无技巧，
肥多水勤种子好。

※ 好粪好肥上田地，
好酒好肉待女婿。

※ 无酒不待客，
无粪不种麦。

※ 锄头底下有三宝，
防旱、防涝、除杂草。

※ 冬天划破皮，
等于来年施遍肥。

※ 追肥不中耕，
风刮一场空。

※ 春天多流一滴汗，
秋天多收万颗粮。

※ 麦收一盘耙，
秋收一张锄。

※ 麦收八十三场雨。
（八十三，指八月、十月、三月。）

※ 好种子出好苗，
好葫芦锯好瓢。

※ 伏天里刮破皮，
强似秋后犁一犁。

※ 九成开镰，十成回仓。

※ 要想庄稼长得旺，
出门不忘背箩筐。

※ 棉花锄八遍，
棉桃赛鸡蛋。

※ 一种九管十成收。

※ 不怕重茬地，
就怕重茬谷。

※ 三分种，七分管，

十分收成才保险。

※ 种地不管，虫草造反。

※ 犁得深，耙得好，
光长庄稼不长草。

※ 麦要深，谷要浅，
芝麻过去盖住脸。

※ 要得庄稼好，
锄光地边草。

※ 旱锄地皮涝锄深，
不旱不涝锄半寸。

※ 麦好胎里墒，
种好七成收。

※ 千年草籽万年生，
几时不锄几时生。

※ 有钱买种，没钱买苗。

※ 苗无害虫长得旺，
人无疾病身体壮。

※ 有苗不愁长，
没苗瞎胡想。

※ 摘花不摘花，
全靠脱裤打杈。

（脱裤，指把底叶打掉，便于通风透光。）

※ 立秋种蒜，寒露耩麦。

※ 九成开镰割，
十成仓里搁。
十成开镰割，
一成撒东坡。

※ 玉米地里带绿豆，
一亩多打粮几斗。

※ 麦天里忙，不算忙，
要忙也是两三场；
秋天里忙，忙不轻，
拉拉扯扯到上冬。

※ 豌豆搅大麦，

一亩地八布袋。
（搅大麦，指套种豌豆。）

※ 麦子夹生割，
玉米要熟过。

※ 过了三月三，
包着种子拉着锨。

※ 烈日暴晒，粮食不坏。

※ 夜里下，白天晴，
打的粮食无处盛。

※ 立秋十八天，
寸草结籽。

※ 过了芒种，不能强种。

※ 六月土地锄层皮，
胜似冬季犁一犁。

※ 春旱不怕旱，
秋旱减一半。

※ 六月天，莫歇阴，
锄头下边有黄金。

※ 清明前后雨纷纷，
赖麦变成好麦根。

※ 茬口倒顺，强似上粪。

※ 地要种得好，
三年两头倒。

※ 麦捆根，谷捆梢，
芝麻捆住半截腰。

※ 棉花锄七遍，
花桃结成串。

※ 庄稼佬，活一百，
莫忘稀谷子稠麦。

※ 秫秫锄三遍，
一亩多两石。

※ 有墒不等时，
时到不等墒。

※ 麦子锄三遍，
皮薄多出面。

※ 犁犁耙耙种下田，
最晚不过立冬前。

※ 小麦种迟没有头，
油菜种迟没有油。
（没有头，指没有分蘖。）

※ 高粱地里卧条狗，
一亩能打好几斗。
（指高粱要种稀。）

※ 麦盖三层被，
头枕蒸馍睡。
（麦盖三层被，指麦种后下三场雨雪。）

※ 春打六九头，
遍地走耕牛。

※ 麦花扬到裂缝里，
谷花扬到泥洞里。

※ 六月下雨一阵阵，
家家户户黄金囤。

※ 谷三千，麦六十，
豌豆痛打八个籽。
（指丰收的征兆。）

※ 不出血和汗，
难得米和面。

※ 谷雨麦扎肚，
立夏穗出齐。

※ 要想多打粮，
粪筐不离膀。

※ 蛤蟆打哇哇，
四十五天吃疙瘩。
（蛤蟆叫，四十五天便收麦。）

※ 四月八，鲜黄瓜。

※ 四月初三初四雨，
麦子要从泥里取。

※ 谷子上场，核桃满瓤；
谷子上囤，核桃挨棍。

※ 湿打荞麦，干打豆。

※ 麦要夹生收，
豆要摇铃割。

※ 麦过芒种青有面，
枣过白露青也甜。

※ 男人不忘刹旱地，
女人不忘夜纺花。
（刹旱地，指休种一季作物的土地。）

※ 玉米去了头，
结穗籽粒稠。

※ 旱锄地发暖，
勤锄地不板。

※ 五黄六月争回耧，
抓紧时间把种丢。

※ 要想来年庄稼好，
冬天锄去田间草。

※ 干锄棉花湿锄麻，
不干不湿锄芝麻。

※ 深锄秫秫浅锄花，
晌午头上锄芝麻。

※ 锄草不除根，
留下祸害深。

※ 庄稼行里不用问，
除了力气就是粪。

※ 阴坡种小豆，
阳坡种芝麻。

※ 玉米拔花缨，
产量增几成。

※ 羊马年，好种田，
谨防鸡猴那两年。

※ 枣树当年死不算死，
柳树当年活不算活。

※ 五黄六月不出工，
十冬腊月喝北风。

※ 麦熟一晌，蚕老一时。

※ 夏隔一日，秋晚十天。

※ 桐花盛开，红薯快栽。

※ 旱豇豆，涝小豆，
不旱不涝收绿豆。

※ 油菜移栽，不过小雪。

※ 宁愿饿断肠，
不能吃种粮。

※ 霜不落，地不冻，
扛着耧，只管种。

※ 枣芽发，种棉花，
谷雨前后种豆瓜。

※ 春种秫秫秋种麦，
立秋前后种荞麦。

※ 男也勤，女也勤，
麦如黄金棉如银。

※ 衣裳不洗要脏，
庄稼不锄要荒。

※ 男人勤勤，有饭吃；
女人勤勤，有衣穿。

※ 清明前后一场雨，
好似秀才中了举。

※ 采桑养蚕，
四十五天就见钱。

※ 打春一百，磨镰割麦。
（立春一百天后，可以收麦。）

※ 谷雨不糙场，
麦在土里扬。

※ 清明前后，种瓜点豆。

※ 谷雨雨淋淋，
五谷堆仓门。

※ 芒种芝麻夏至豆，
不早不晚是时候。

※ 芒种一半茬，

收种乱如麻。

※ 过夏至不栽田，
过芒种不点棉。

※ 立罢秋，挂锄钩；
立了秋，遍地揪。
（揪，指各种庄稼成熟可以采摘。）

※ 一丈布，一斤棉，
男耕女织不缺钱。

※ 麦过芒种青有面，
蚕过芒种不结茧。

※ 八月寒露抢着种，
九月寒露想着种。

※ 秋分种平川，
白露种高山。
（指的是种麦。）

※ 六月十六挂锄头，
七月十五麻谷收。

※ 麦割芒种谷到秋，
豆子寒露及时收。

※ 霜降到立冬，
种麦莫放松。

※ 耧铃响，红薯长。

※ 早荞麦，晚芝麻，
看是庄稼不收啥。

※ 五月栽薯重十斤，
六月栽薯一把根。

※ 三月十八，豌豆咔吧。
（豌豆咔吧，作成熟意。）

※ 芒种芒种，样样都种；
一样不种，秋后囤空。

※ 巧犁耙赶不上拙上粪。

※ 暑过伏，短一锄；
立罢秋，短一沟。

※ 榆钱黄，种谷忙。

※ 麦到芒种一半茬。
（到芒种节气，麦收一半以上。）

※ 惊蛰不耙地，
好似蒸馍跑气。

※ 过了端午节，
锄地不能歇。

※ 谷雨麦挑旗，
立夏麦穗齐。

※ 处暑不出头，
割谷喂老牛。

※ 九九桃花不落，
芒种麦子不割。

※ 芒种前种大田，
芒种后种大豆。

※ 宁种八月土，
不种九月墒。

※ 芒种芝麻夏至豆，
寒露种麦好时候。

※ 立秋有雨样样收，
立秋无雨一半丢。

※ 处暑难得十日阴，
秋后能进百斗金。

※ 夏至五月头，
不种芝麻吃香油；
夏至五月中，
十个油坊九个空。

※ 不懂二十四节气，
白把种子种下地。

※ 谷雨栽上红薯秧，
一棵能收一大筐。

※ 二十四五月黑头，
月亮出来去使牛。

※ 六月水涟涟，
必定好收田。

※ 立夏不下，高挂犁耙。

※ 一亩菜园十亩田，
十亩菜园赚大钱。

※ 家有一亩园，
胜似十亩田。

※ 旮旮旯旯种几窝，
早晚都有菜下锅。

※ 二月二，种梅豆，
一棵能结一箩头。

※ 头伏萝卜二伏芥，
三伏里头种白菜。

※ 淹不死的白菜，
旱不死的葱。

※ 桃三杏四梨五年，
想吃核桃七八年。

※ 桃三杏四梨五年，
枣树当年就见钱。

※ 茄子栽荚，辣椒栽花。

※ 茄子无空花，
辣椒花哄人。

※ 深栽茄子浅种蒜，
辣椒黄瓜沟里边。

※ 萝卜白菜葱，
得用大粪攻。

※ 七月中，种大葱；
八月半，种大蒜。

※ 七月大，八月小，
九月种蒜长不好。

※ 秋分种蒜，寒露种麦。

※ 小满不出蒜，
留在地里烂。
（出蒜，指收蒜。）

※ 小燕来，抽蒜薹。

※ 三月三，
豆角倭瓜土里钻。

※ 起苗不伤根，
栽苗不窝根，
树苗要放心，
土要踩得紧。

※ 立春早，清明迟，
春分栽树正当时。

※ 桃三杏四梨五年，
想吃白果一百年。

※ 五月石榴花开俏，
七月石榴开口笑。

※ 四月樱桃红，
五月石榴开。

※ 七月枣，八月梨，
九月柿子红了皮。

※ 立秋核桃白露梨，
寒露柿子红了皮。

※ 先喂一捆草，
再饮吃得饱。

※ 头和草，二和料，
三和麸子都撒到。

※ 高抬猛按，
铡草不用好汉。

※ 人瘦眼大领子松，
马瘦毛长耷拉鬃。

※ 短脖驴子长尾巴，
不问价钱就买下。

※ 蚕无夜食不长，
马无夜草不肥。

※ 寸草铡三刀，
没料也上膘。

※ 牛怕早上霜，
马怕夜间雨。

※ 草膘料力水精神。

※ 牲口卸了套，
莫拴窜风道。

※ 六畜养得全，
能种好庄田。

※ 家里养着张嘴货，
日子越过越红火。

※ 一户三头牛，
不愁盖高楼。

※ 种地不养猪，
等于秀才不读书。

※ 猪是聚宝盆，
肥地又肥人。

※ 一头猪，一只羊，
一年多收十石粮。

行业

※ 一年能学成庄稼汉，
十年学不成生意人。

※ 十年读出个秀才，
十年学不会买卖。

※ 要想生意好，
信誉是个宝。

※ 小买卖怕吃，
大买卖怕赔。

※ 生意做遍，不如卖饭。

※ 井淘三遍吃好水，
货比三家不吃亏。

※ 人不亲行亲，
同行是冤家，
买卖两条心。

※ 出门看天气，
买卖看行情。

※ 走东行，不说西行；
三句话，不离本行。

※ 本大利宽，薄利多销。

※ 干啥像啥，卖啥吆喝啥。

※ 不看时机做生意，
赔了本钱费力气。

※ 生意不在早晚。

※ 干东行，不说西行；
卖牛马，不说猪羊。

※ 货不停留利自生。

※ 老不欺，少不哄，
生意越做越兴隆。

※ 花香自有蜂蝶来，
货好顾客满柜台。

※ 生意不成仁义在，
这次不成下次来。

※ 隔行如隔山，
隔行不取利。

※ 笑口常开，客似云来。

※ 一声说，二声笑，
生意越做越热闹。

※ 买卖在人做，
生意在顾客。

※ 找上门的生意好做。

※ 生意好做，伙计难搁。

※ 买卖看行情，
早晚价不同。

※ 有同行，没同利。

※ 喝酒讲厚道，
生意争分毫。

※ 百看不厌，百问不烦。

※ 不怕生意小，
就怕顾客少。

※ 生意好不好，
不在本大小。

※ 生意有学问，
顾客是“财神”。

※ 生姜不老不辣，
生意不活不发。

※ 南京到北京，
买家没有卖家精。

※ 不怕不卖钱，
就怕货不全。

※ 现钱买现货，
贵贱不赊账。

※ 若要生意好，
秤头不能少。

※ 多做生意少占本，

一年多打几个滚。

※ 开过药铺打过铁，
什么生意都不热。

※ 前三十年，拿钱买艺；
后三十年，拿艺挣钱。

※ 铁匠短了用锤敲，
木匠短了卡住腰。

※ 长木匠，短铁匠，
石匠九尺算一丈。

※ 泥瓦匠人三把泥，
砌不对茬泥糊齐。

※ 砌墙不走线，
闭着右眼看。

※ 仨月刨子半年锛，
斧子十年学不尽。

※ 没有几斧子功夫，
做不出歪把子犁。

※ 板凳三尺三，
两人坐着不扛肩。

※ 干砖不上墙，湿木不做门。

※ 木匠的斧子，瓦匠的刀。

※ 学戏先学声，
学木匠先凿空，
学铁匠先打钉，
学和尚先念经。

※ 不会走别想跑，
先学楷再学草。

※ 人物要有神，
眼睛大一轮。

※ 画人难画手，
画树难画柳，
画马难画走，
画兽难画狗。

※ 音调要准，节拍要稳，
韵味要浓，感情要真。

※ 轻研磨，重膏笔，
写出字来鼓堆堆。

※ 先学笛子后学箫，
要学胡琴坐折腰。

※ 唱曲不出汗，
累死没人看。

※ 走三步退三步走遍天下，
前三言后两语从古到今。

※ 做袄离不开棉套，
说书离不开书帽。

※ 不投名师，难学高艺。

※ 早卖菜，后卖药，
说书得等涮罢锅。
（农村说书，得等到活儿忙完才开始。）

※ 生意不如手艺，
手艺不如口艺。

※ 粗越调，细二黄，
论听还是梆子腔。

※ 一招鲜，吃遍天。

※ 穿衣离不开袖子，
说书离不开“扣子”。
（“扣子”是指说书时为吸引人们继续听下去而有意设下的悬念。）

※ 三分扮相，七分眼神。

※ 常说嘴里顺，
常写手不笨。

※ 一日不读口生，
一日不写手生。

※ 一日练，一日功，
一日不练十日空。

※ 培树要培根，
育人要育心。

※ 除草要除早，
教子要从小。

※ 学会唐诗三百首，
不会作诗也会吟。

※ 不吸烟，不喝酒，
疾病见了绕着走。

※ 喝开水，吃热菜，
身体健康不受害。

※ 要想身体好，
吃饭别太饱。

※ 饱不洗头，饿不洗澡。

※ 练出一身汗，
小病不用看。

※ 男不离韭，女不离藕。

※ 梳头洗脚，强似吃药。

※ 夏不睡石，秋不睡板。

※ 夜里磨牙，肚里虫爬。

※ 早吃好，午吃饱，晚吃少。

※ 白天多动，夜里少梦。

※ 伤风伤风，多在秋冬。

※ 枕头选不对，
越睡人越累。

※ 太阳是个宝，
晒晒身体好。

※ 五牛六马七月羊，
八月驴肉不敢尝。

※ 吃驴肉，犯老病。

※ 要想睡得人轻松，
切莫脚朝西来头朝东。

※ 吃饭少三口，
活到九十九。

※ 早睡早起，没病惹你。

※ 吃饭多喝汤，
强似开药方。

※ 春捂秋冻，少生杂病。

※ 三九补一冬，
来年没病痛。

※ 贪吃贪睡，添病减岁。

※ 冬天动一动，
少得一场病。
冬天懒一懒，
汤药喝几碗。

※ 长跑治百病，
就怕跑不动。

※ 锄头能壮筋骨，
出汗能治百病。

※ 饭后百步走，
能活九十九。

※ 若要小儿安，
常带三分饥和寒。

※ 常吃葱和蒜，
疾病减一半。

※ 美酒不过量，
好菜不过食。

※ 能吃能睡，长命百岁。

※ 桃养人，杏伤人，
李子树下抬死人。

※ 饭后一支烟，
长期把病添。

※ 温水常洗脚，
胜似吃补药。

※ 吃得急咽得慌，
又伤胃又伤肠。

※ 三分饥寒保平安。

※ 是药三分毒。

※ 有病不忌嘴，
医生跑断腿。

※ 牙不剔不稀，

耳不挖不聋，
鼻不掏不破，
眼不揉不红。

※ 多散步，多吃醋，
保证能活大岁数。

※ 吃馍不喝汤，
瘦成黄鼠狼。

※ 锅灶净，少生病。

※ 大蒜拌凉菜，
好吃防病害。

※ 要想身体好，
天天起个早。

※ 大蒜不值钱，
能防脑膜炎。

※ 睡觉不蒙头，
活到九十九。

※ 鼻子不通，吃棵大葱。

※ 要想长寿，
多吃青菜少吃肉。

※ 有病早治，无病早防。

※ 不气不愁，活到白头；
不干不净，吃了生病。

※ 剃头洗脚，胜似吃药。

※ 少思不虑睡得好，
能活百岁病不搅。

※ 小伤风三日，
大伤风七天。

※ 耽误一夜眠，
十夜补不全。

※ 小孩怕伤风，
老人怕过冬。

※ 寒从脚下起，
火从头上来。

※ 不怕年老，就怕躺倒。

※ 清早空气好，
锻炼少不了。

※ 鱼生火，肉生痰，
青菜豆腐保平安。

※ 麻疹怕伤风，
风湿忌喝酒。

※ 秤砣虽小压千斤，
蚊蝇虽小是病根。

※ 春不忙减衣，
秋不忙戴帽。

※ 腰里系根绳，
胜似衣十层。

※ 要想感冒少，
常洗凉水澡。

※ 十单不如一棉，
十棉不如腰一缠。

※ 坐卧不迎风，
走路不凹胸。

※ 病从口入，寒从脚起。

※ 饮食均衡，肠胃畅通。

※ 车停百日生虫，
人侹百日生病。
（侹，方言，指平直地躺着。）

※ 早起吃姜，胜过参汤；
晚上吃姜，赛过砒霜。

※ 男子不可百日无姜，
女子不可百日无糖。

※ 家有三年艾，
郎中不用来。

※ 要想长寿，
多吃豆腐，
少吃肉。

※ 勤吃药，不如勤洗脚。

※ 伤筋动骨一百天。

※ 男怕穿靴，女怕戴帽。

（当老年人出现脚肿、脸肿的情况，恐时日不多。）

※ 黑痰轻，白痰重，
黄痰要了人的命。

※ 现在不保健，
将来住医院。

※ 时下不养生，
将来养医生。

※ 少吃多餐，益寿延年。

※ 家备生姜，小病不慌。

※ 运动运动，百病不碰。

※ 天天忙，心脏强，寿命长。

※ 常敲背，活百岁。

※ 芝麻虽小，能防老。

※ 饭前饭后，洗手漱口。

※ 吞津咽液，长寿秘诀。
裤带越长，寿命越短。

※ 贪凉失盖，不病才怪。

※ 放松两肩，不得瘫痪。

※ 放松肩梢，活血健脑。

※ 男人补气，女人补血。

※ 人要长寿安，
要减夜里餐。

※ 吃肉不吃蒜，
营养减一半。

※ 秋天萝卜收，
大夫袖了手。

※ 吃饭要吃素，

吃粮要吃粗。

※ 五谷加红枣，
胜过灵芝草。

※ 常吃萝卜菜，
啥病都不害。

※ 萝卜白菜汤，
益寿保健康。

※ 一天吃三枣，
长寿不显老。

※ 三天不吃青，
两眼冒火星。

※ 大蒜是个宝，
消毒杀菌好。

※ 豆腐配海带，
常吃除病害。

※ 每天不离葱，
身轻脑更灵。

※ 四季不离蒜，
不用去医院。

※ 少吃盐，多吃醋，
不打麻将多走路。

※ 晨起三百步，
不用进药铺。

※ 人生忌三害，
早酒晚茶五更色。

※ 富人吃补药，
穷人靠洗脚。

※ 拍打足三里，
胜吃老母鸡。
（足三里，指穴位，在膝部。）

※ 脚下按涌泉，
心脏动力添。
（涌泉，指穴位。）

※ 动则体壮，练则长寿。

※ 千金难买老来瘦。

※ 人要想高寿，
功在勤梳头。

※ 节食自然脾健，
少餐必定心安。

※ 五谷杂粮多进口，
大夫改行拿锄头。

※ 胡萝卜，小人参，
经常吃，长精神。

※ 晚上少吃一口，
肚里舒服一宿。

※ 爱吃的女人衰老早，
爱睡的女人美到老。

※ 惜气存精更养神，
少思寡欲不劳人。

※ 不吸烟不喝酒，
病魔见了绕道走。

※ 随手揉腹一百遍，
通和气血力肾源。

※ 天天三笑容颜俏，
七八分饱人不老。

※ 药对方，一口汤；
不对方，一水缸。

※ 有病不瞒医，
瞒医害自己。

※ 人强人欺病，人弱病欺人。

※ 二月茵陈，三月蒿，
四月五月当柴烧。

儿大不压爹娘。

※ 赶集上店，
不如拾粪垫圈。

※ 三生看大，七岁看老。
（生，方言，指岁数。）

※ 猪往前拱，鸡往后刨，
各有各的路数。

※ 书读百遍，其义自见。

※ 人多乱，龙多旱，
母鸡多了不下蛋。

※ 孤雁不成群，
独木不成林。

※ 又想马儿跑，
又想马儿不吃草。

※ 人是衣裳马是鞍。

※ 马到难处莫加鞭，
人到难处莫加言。

※ 瞎猫碰上死耗子。

※ 没有过不去的河，
没有爬不上的坡。

※ 三里不同俗，
十里改规矩。

※ 过这村，没这店。

※ 林中没有不弯的树，
天下没有十全的物。

※ 心急吃不上热豆腐。

※ 窍门到处有，
看你瞅不瞅。

※ 云是天的脸，
钱是人的胆。

※ 贼不打，三年自招。

※ 人无外财不发，
马无夜草不肥。

※ 手勤能搬山，
坐吃山也空。

※ 事不经不懂，
路不走不平。

※ 持家要俭，置家要勤。

※ 一时强弱在于力，
千秋胜负在于理。

※ 病从口入，祸从口出。

※ 坛口能封紧，
人口封不住。

※ 上山方知山高低，
下水才知水深浅。

※ 当家才知柴米贵，
出门方知行路难。

※ 真金不怕火炼，
真理不怕争辩。

※ 猴的帽子，
戴不破，翻破的。

※ 树根长得牢，
不怕风来摇。

※ 碾谷碾出米来，
说话说出理来。

※ 钟不敲不响，
脑不用不灵。

※ 学好千日不足，
学坏一日有余。

※ 瓜熟蒂落，水到渠成。

※ 不懂装懂，是个饭桶。

※ 刀闲生锈，人闲生病。

※ 月有圆缺，花有开落。

※ 脑怕不用，身怕不动。

※ 虱多不痒，账多不愁。

※ 单丝不成线，
独木不成林。

※ 水清则无鱼。

※ 千看万看，不如经手一遍。

※ 井淘三遍吃甜水，
人受调教武艺高。

※ 万事俱备，只欠东风。

※ 吃饭防噎，走路防跌。

※ 伶俐人一拨三转，
糊涂人棒打不动。

※ 千里之堤，溃于蚁穴。

※ 躲得了初一，
躲不了十五。

※ 不登山，不知山高；
不临深渊，不知地厚。

※ 不经一番寒彻骨，
哪得蜡梅扑鼻香。

※ 枪打出头鸟，
露头椽子先糟。

※ 路不常走长草，
脑不常用不巧。

※ 身闲养指甲，
心闲养头发。

※ 吃人家的嘴软，
拿人家的手短。

※ 河水不倒流，
青春不回头。

※ 宁吃仙桃一口，
不吃烂杏一筐。

※ 人有失手，马有失蹄。

※ 只有再一再二，
没有再三再四。

※ 滴水汇成沧海，
粒沙堆积成山。

※ 走路不用问，
大路没有小路近。

※ 十个指头有长短，
出水才看两腿泥。

※ 没有鲜花引不来蜜蜂，
没有臭水招不来苍蝇。

※ 好汉护三村，
好狗护三邻。

※ 人逢喜事精神爽，
月到中秋分外明。

※ 为人不做亏心事，
半夜不怕鬼敲门。

※ 晴带雨伞，饱带干粮，
洪水未到先提防。

※ 有意栽花花不开，
无心插柳柳成荫。

※ 乌云遮不住太阳，
狂风刮不落月亮。

※ 打蛇打七寸，
擒贼先擒王。

※ 豺狼会装羊，
坏人会装腔。

※ 狗嘴里吐不出象牙，
蚁穴里爬不出王八。

※ 一遍生，二遍熟，
三遍不用问师傅。

※ 推小车，不用学，
只要屁股调得活。

※ 人之将死，其言也善。

※ 墙上画马不能骑，
镜中烧饼不充饥。

※ 跟着啥人学啥人。
跟着巫婆学吓神。

※ 人不可貌相，
海水不可斗量。

※ 没有花香，引不来蜜蜂。

※ 人怕伤心，树怕剥皮。

※ 笨鸟先飞早入林，
人勤苦学早入门。

※ 笑一笑，十年少；
愁一愁，白了头。

※ 各人自扫门前雪，
莫管他人瓦上霜。

※ 好种出好苗，
好葫芦锯好瓢。

※ 一把火煮不熟一锅饭。

※ 大路朝天，各走一边。

※ 只有大意吃亏，
没有小心上当。

※ 天不生无用之人，
地不生无名之草。

※ 木尺虽短，能量千丈。

※ 听君一席话，
胜读十年书。

※ 不经冬寒，不知春暖。

※ 鱼过千重网，
网网都有鱼。

※ 忙中多错事，
醉后吐真言。

※ 东西丢失有处找，
光阴逝去无处寻。

※ 枪头不动，弄断枪杆。

※ 宁给穷人一口，
不给富人一斗。

※ 在家不打人，
出门人不打。

※ 气头话少说，
亏理事莫作。

※ 恶是犁头，善是泥，
善人常被恶人欺。

※ 响鼓不用重锤敲。

※ 见财莫伸手，
伸手必被捉。

※ 成人不自在，
自在不成人。

※ 小孩嘴里说实话。

※ 贪吃的鱼容易上钩，
私心重的人容易犯错。

※ 要打当面锣，
不打背后鼓。

※ 山里猴，引不得头。

※ 求神不如求人，
求人不如求己。

※ 有钢用在刀刃上，
有本事使在正道上。

※ 拆东墙补西墙，墙墙漏风；
借新账还陈账，账账不清。

※ 人家骑马我骑驴，
后面还有挑担的。

※ 自己一身红毛尾（yǐ），
还说别人是妖精。

※ 三个臭皮匠，
顶个诸葛亮。

※ 有囊有气早入坟，
没囊没气熬成神。

※ 冰冻三尺，非一日之寒。

※ 一人难称十人意，
十人难称百人心。

※ 书到用时方恨少，
事非经过不知难。

※ 到什么山上，唱什么歌。

※ 行善流芳百世，
作恶遗臭万年。

※ 良言一句三春暖，
恶语伤人六月寒。

※ 独树难挡风，
独柴难烧红。

※ 一口吃不了个胖子。

※ 人心不足蛇吞象。

※ 人靠心好，树靠根牢。

※ 不怕鬼吓人，
就怕人吓人。

※ 家有万贯，不如薄艺在身。

※ 时来铁生辉，
运去金无光。

※ 人怕齐心，虎怕成群。

※ 人穷当街卖艺，
虎瘦拦路伤人。

※ 灯不拨不亮，
话不说不明。

※ 不聋不瞎，不配当家。

※ 若要人不知，
除非己莫为。

※ 可以救苦，不可救赌。

※ 得罪不尽，维持不净。

※ 一只鳖沾得满锅腥。

※ 屎壳郎夸孩儿香，
刺猬夸孩儿光。

※ 天上没云不下雨，
人不伤心不落泪。

※ 恩不可以忘尽，
仇不可以记得太深。

※ 仁者见仁，智者见智。

※ 不怕百事通，
就怕一门精。

※ 浪再大，也在船底下，
山再高，也在人脚下。

※ 前面有车，后面有辙。

※ 不怕红脸关公，
就怕笑脸菩萨。

※ 福由德生，祸因恶出。

※ 大富由命，小富由勤。

※ 树倒猢狲散，
墙倒众人推。

※ 十个指头有长短，
山中树木有高低。

※ 学坏容易，学好难。

※ 盛世藏古董，
乱世囤黄金。

※ 耳听三遍，
不如动手写一遍。

※ 打柴问樵夫，
驶船问艄公。

※ 马看牙板，人看言行。

※ 忍得一时之气，
免得百日之忧。

※ 劈柴劈小头，
问路问老头。

※ 不挑担子不知重，
不走长路不知远。

※ 有钱读书，没钱养猪。

※ 心如平原野马，易放难收。

※ 人不一等人，
木不一等木。

※ 大江大河能过，
小河沟里会翻船。

※ 与人不对，劝他赶会，
又得花钱，又得受罪。

※ 人在祸中自知祸，
人在福中不知福。

※ 偷吃嘴瞒不过老灶爷。

※ 纸里包不住火，
雪地里埋不住人。

※ 一家不知一家，
和尚不知道家。

※ 说书人的嘴，
唱戏人的腿。

※ 力是奴才，使使重来。

※ 无针不引线，
无水不行船。

※ 看菜吃饭，量体裁衣。

※ 有能不在人俊丑。

※ 有钱不盖东西房，
冬不暖来夏不凉。

※ 慌不择路，饥不择食。

※ 吃过黄连苦，
方知蜜糖甜。

※ 身上不臭招不来苍蝇，
嘴不把门惹来是非。

※ 不怕先告状，
就怕后没理。

※ 只要是金子，
放在哪都发光。

※ 不逼不上梁山。

※ 有多大的荷叶，
包多大的粽子。

※ 唾沫能淹死人。

※ 好药难治冤孽病，
好话难劝糊涂虫。

※ 天越黑，夜明珠越亮。

※ 兔子跑三坡，
跑来跑去归老窝。

※ 衣不如新，人不如故。

※ 风再大，也刮不倒山。

※ 鸟恋树林，人恋乡邻。

※ 小心没大差，
大差不小心。

※ 猫有猫道，鼠有鼠道。

※ 有那贼心，没那贼胆。

※ 是骡子是马，
拉出去遛遛。

※ 虎走千里吃肉，
狗走千里吃屎。

※ 猫记千，狗记万，
母鸡只记二里半。

※ 小泥鳅掀不起大浪。

※ 染坊里倒不出白布，
狗嘴里吐不出象牙。

※ 有志不在年高，
有理不在言高。

※ 莫做墙头草，
风吹两头倒。

※ 要与人为善，
莫乘人之危。

※ 能欠阎王债，
莫欠小鬼钱。

※ 拔了毛的凤凰不如鸡。

※ 用着搂怀里，
用不着推崖里。

※ 大刀斩水水照流，
以酒浇愁愁更愁。

※ 逆水行舟，不进则退。

※ 知足者常乐，
能忍者自安。

※ 胜莫骄傲，败莫气馁。

※ 不怕不会，就怕不学。

※ 人争一口气，
佛争一炷香。
忍得一时气，
省得百日忧。

※ 懒牛上套，不屙就尿。

※ 有钢用到刀刃上，
有粉擦到脸蛋上。

※ 三十六计，走为上计。

※ 年年备荒，夜夜防贼。

※ 不听老人劝，
祸事在眼前。

※ 平生不做亏心事，
半夜敲门不吃惊。

※ 有钢用在刃上，

有钱用到正地方。

※ 翻疙瘩，挨耳巴。

（翻疙瘩，方言，指说人闲话。）

※ 人受教育武艺高。

※ 拉人家孩子一把，
自己孩子长一拃。

※ 人有不如己有，
自有不如怀揣。

※ 路逢险处须回避，
事到临头不自由。

※ 一人莫进庙，
二人莫看井。

※ 只见活人受罪，
没见死人遭殃。

※ 当日忙先记账，
过后免思量。

※ 光阴好比河中水，
只能流去不能返回。

※ 刀头大了人不亏，
烧纸落得一撮灰。

（刀头，方言，指祭品用的肉。）

※ 早晨不起，误一天，
幼时不学，误一生。

※ 宽是害，严是爱，
迁就姑息是祸害。

※ 岁月不等人，
一日难再晨。

※ 金从土中生，
福从手中来。

※ 泥鳅滑难捉，
坏人心难摸。

※ 不怕吃饭拣大碗，
就怕干活翻白眼。

※ 金是宝，银是宝，
金银比不上手和脑。

※ 人活脸，树活皮，

墙头和的一把泥。

※ 脚手不怕动，
脑筋不怕用。

※ 烂砖不可砌高墙，
朽木不可做栋梁。

※ 晚穷不如早打算，
挨饿不如早出汗。

※ 愿做蚯蚓地下耕，
莫做寒鸟空悲鸣。

※ 学艺不怕难，
就怕不耐烦。

※ 打虎要打头，
杀鸡要割喉。

※ 要学蜜蜂勤到老，
莫学露水一时干。

※ 逢人别乱讲，
遇事别乱闯。

※ 见死不救，心肠发臭。

※ 墙上没有洞，
毒蛇难钻空。

※ 有话说到明处，
有药敷在疼处。

※ 富生礼仪，穷生虱。

※ 匠人眼，差不远。

※ 本地和尚不念经。

※ 家贼难防，偷断屋梁。

※ 乱丝难理，泼妇难治。

※ 亏人是祸，亏己是福。

※ 听话听音，刨树刨根。

※ 车到山前必有路，
水到滩头必有沟。

※ 鼓破众人捶，
墙倒众人推。

※ 土帮土成墙，
人帮人成王。

※ 打狗要看主人面。

※ 独脚难行，孤掌难鸣。

※ 车走车路，马走马路。

※ 中间无人事不成。

※ 有状元徒弟，
没有状元老师。

※ 将相无种，贫穷无根。

※ 啥人啥打扮，
啥人吃啥饭。

※ 大鱼吃小鱼，
小鱼吃虾米，
虾米吃青泥。

※ 不见棺材不掉泪，
不到黄河不死心。

※ 十指连心，咬哪个都疼。

※ 只要站得正，
不怕影子斜。

※ 天有不测风云，
人有旦夕祸福。

※ 不做亏心事，
不怕鬼叫门。

※ 病从口入，祸起萧墙。

※ 雪里送炭，
胜似伏天送扇。

※ 雁过千里留声，
人活百岁留名。

※ 聪明人好说，
糊涂人难缠。

※ 生死由命，富贵在天。

※ 苦海无边，回头是岸。

※ 好花要有绿叶配。

※ 猫不吃生姜，
狗不喝辣汤。

※ 江山易改，本性难移。

※ 牡丹虽好，全靠绿叶扶持。

※ 贫贱亲戚离，
富贵他人合。

※ 有志不在年高，
无志枉活百岁。

※ 财大通神，势大压人。

※ 舌刀不用铁，
杀人不见血。

※ 有了银钱想金钱，
当了皇帝想神仙。

※ 宁叫钱吃亏，
不叫人吃亏。

※ 善恶不同途，
冰炭不同炉，
猫鼠不同睡，
虎鹿不同行。

※ 蛤蟆剥皮不闭眼，
甲鱼剖腹不死心。

※ 树老根多皮稀，
人老瘸腿弯脊。

※ 一窝老鼠不嫌臊，
两窝老鼠有气道。

※ 能领千军万马，
不领一族一家。

※ 人走时运财路广，
马得夜草毛色光。

※ 僧去有庙在，

好人说不坏。

※ 好斗公鸡不长毛，
爱叫猫捕鼠少。

※ 细雨落成河，
粒米积成箩。

※ 倒了篓子洒了油，
有人高兴有人愁。

※ 胡椒虽小，辣人心；
秤砣虽小，压千斤。

※ 根不正，秧不正，
结的葫芦歪着腚。

※ 山中无老虎，
猴子称大（dài）王。

※ 轻来轻去扳倒山。

※ 水不激不跃，
人不激不奋。

※ 行行出状元，
处处有能人。

※ 路是人开的，
树是人栽的。

※ 把握一个今天，
胜过两个明天。

※ 要捕鱼，先织网；
要搭桥，先打桩。

※ 人要闯，马要放。

※ 千日造船，一日过江。

※ 小事不言，留下后患。

※ 矫木趁早，矫儿趁幼。

※ 从小偷鸡，长大偷牛。

※ 龙多不下雨，
人多互依靠。

※ 射出去的箭，
泼出去的水，
说出去的话，
都难收回。

※ 积善者昌，作恶者亡。

※ 家有老，胜似宝。

※ 淹死的都是会水的。
（会水，指游泳。）

※ 与其事后懊恼，
不如事前谨慎。

※ 人逢误解休怨恨，
事遇得志莫轻狂。

※ 官寻官，民寻民，
种地的还寻庄稼人。

※ 给猴一棵树，
给虎一座山。

※ 牛不知角弯，
马不知脸长。

※ 怕走崎岖路，
莫想攀高峰。

※ 牙狗哭，败地方；
母狗哭，败家当。
（牙狗，指公狗。）

※ 早报喜，晚报财，
晌午鹊叫有客来。

※ 飞蛾扑火，非死不可。

※ 骑马莫怕山，
行船莫怕滩。

※ 大难不死必有后福。

※ 过年不借钱，
借钱穷一年。

※ 算个命，添心病；
问个卦，多个怕。

※ 算卦学问没多深，
先看脸色后听音。

※ 七十三，八十四，
阎王不叫自己去。

※ 一个女婿半个儿。

※ 媳妇娶进门，
媒人扔过墙。

※ 不图家财不图地，
只图一个好女婿。

※ 国难思良将，
家贫思贤妻。

※ 三个妇女一台戏，
四个妇女带铜器。

※ 女愁哭，男愁唱，
老太太愁了瞎嘟噜。

※ 成事不足败事有余。

※ 不怕贼偷就怕贼惦记。

※ 男儿膝下有黄金。

※ 男儿有泪不轻弹。

※ 鱼为诱饵吞钩，
鸟为秕谷落网。

※ 笑冬不笑夏，
笑夏是王八。

修养

※ 有品德不贱，
有学问不贫。

※ 有错乱护短，
长大不好管。

※ 铁杵磨锈针，
功到自然成。

※ 胸无大志，枉活一世。

※ 良药苦口利于病，
忠言逆耳利于行。

※ 钱财如粪土，
仁义值千金。

※ 人在事中练，
刀在石上磨。

※ 人无志气是怂包。

※ 钢刀不磨要生锈，
人不学习要落后。

※ 学问学问，不懂就问。

※ 不怕学问浅，
就怕志气短。

※ 君子在于义，
小人在于利。

※ 好铁不炼难成钢，
好儿不教难成才。

※ 好铁要经三回炉，
好书要经万回读。

※ 竹有节，人有志。

※ 善不积不足以成名，
恶不积不足以灭身。

※ 志士惜日短，
愁人知夜长。

※ 树怕烂根，人怕无志。

※ 只有上不去的天，

没有过不去的山。

※ 只要功夫深，
铁杵磨成绣花针。

※ 骄傲来自浅薄，
狂妄出自无知。

※ 勤学又勤问，
不愁没学问。

※ 笑脏笑拙不笑补，
笑懒笑馋不笑苦。

※ 家贫出孝子，
国乱显忠臣。

※ 聪明人见错就改，
糊涂人见错就瞒。

※ 不怕学不成，
就怕心不诚。

※ 学如逆水行舟，
不进则退。

※ 不求人才，只求贤才。

※ 读书破万卷，
下笔如有神。

※ 黑发不知勤学早，
白首方悔读书迟。

※ 鸟美在羽毛，
人美在学问。

※ 技艺是无价之宝，
知识是智慧明灯。

※ 读书不识意，
等于啃书皮。

※ 聪明来自见识广，
愚昧源于读书少。

※ 一人不说两家话，
人前不讨两面光。

※ 活到老，学到老，
人到八十还学巧。

※ 人若无求，品自高。

※ 身子站得正，
不怕影子斜。

※ 知过必改，仍为完人。

※ 银钱如粪土，
仁义值千金。

※ 打人会伤手，
骂人会脏口。

※ 说你长，不要笑；
说你短，不要跳。

※ 肚量要宽，讲话要谦。

※ 台上几分钟，
台下十年功。

※ 人生大道千万条，
就看自己走啥道。

※ 隔墙有人耳，
窗外岂无人。

※ 宁给君子提鞋，
不和小人同财。

※ 宁给君子看门，
不给小人当家。

※ 立下凌云志，
敢去摘星星。

※ 千里之行，始于足下。

※ 拳要常练，书要常看。

※ 积累知识，
胜似积累金银。

※ 读万卷书，行万里路。

※ 海水舀不尽，
知识学不完。

※ 走不尽的天下路，
读不完的世间书。

※ 勤学勤问又勤记，
处处留心皆学问。

※ 玉不磨，不成器；
人不学，不知义。

※ 靠亲戚靠邻居，
不如个人立志气。

※ 小子不吃十年闲饭。

※ 书到用时方恨少，
船到江心补漏迟。

※ 儿走千里母担忧，
母走千里儿不愁。

※ 没志之人常立志，
有志之人立长志。

※ 要知父母恩，
怀里抱儿孙。

※ 成家之儿，惜粪如金；
败家之子，挥金如粪。

※ 小孩玩得好，
长大心灵巧。

※ 多看知识增加，
多写笔下生花。

※ 小树要剪，小孩要管。

※ 少年莫笑白头翁，
花开能有几日红。

※ 闲中取乐，忙中偷闲。

※ 青丝不知勤学早，
白头方知读书迟。

※ 少壮不努力，
老大徒伤悲。

※ 棍棒底下出孝子，
娇子多是无义郎。

※ 自幼不用功，
到老徒伤悲。

※ 有儿有女不用夸，

送到坟里哭到家。

※ 不下真功夫，
难得真学问。

※ 少小若天性，
习惯成自然。

※ 能大能小是条龙，
只大不小是条虫。

※ 乳名是父母起的，
坏名是自己留的。

※ 为人有个好名声，
不给爹娘争骂名。

※ 家和万事兴，
争斗是灾星。

※ 真孝道，假孝道，
人不知道天知道。

※ 床前没有百日孝。

※ 至乐莫如读书，
至要莫如教子。

※ 要好儿孙须积德，
欲高门第唯读书。

※ 燕子不进苦寒门。

※ 家有三样，不富也旺。
（三样，指兄弟和睦、子女孝顺、夫妇一心。）

※ 事能三思必有益。

※ 怀慈悲之心，
做慈悲之事，
则心中太平。

※ 大丈夫能屈能伸。

※ 一失足成千古恨，
再回头是百丈深。

※ 慈悲没有敌人，
智慧不起烦恼。

※ 静坐常思自己过，
闲谈莫论人是非。

※ 放大心胸做事，
站稳脚跟做人。

※ 善处者苦变乐，
不善处者乐变苦。

※ 有钱难买少年时，
失落光阴无处寻。

※ 少而不学，老而无识。

※ 竹贵有节，人贵有志。

※ 悲伤忧愁，不如握紧拳头。

※ 人贵有志，学贵有恒。

※ 人穷可致富，
志高能成事。

※ 马瘦腿不软，
人穷志不短。

※ 宁可直中取，
不向曲中求。

※ 贫贱之交不能忘，
糟糠之妻长在堂。

※ 不怕衣服破，
就怕肚里没有货。

※ 坐有坐相，站有站相，
睡觉弯弯像月亮。

社交

※ 红花还要绿叶衬。

※ 不说不笑不热闹。

※ 舌头难免不碰牙。

※ 两军相逢勇者胜。

※ 良言一句三冬暖，
恶语伤人六月寒。

※ 星多天空亮，
人多智慧广。

※ 帮人帮到底，
送佛送到西。

※ 不会烧香得罪神，
不会说话得罪人。

※ 话不说不明，
木不钻不透。

※ 要得公道，打个颠倒。

※ 能做君子家中仆，
不做小人堂上客。

※ 头回上当，二回心亮。

※ 天无常圆之月，
人无不散宴席。

※ 一根竹竿容易折，
三根竹竿压不弯。

※ 是亲三分向，
无亲沾不上。

※ 语不能压人，
话不能过天。

※ 酒肉朋友好找，
患难之交难逢。

※ 能叫人见面，
不叫话见面。

※ 有借有还，再借不难；
借了不还，想借也难。

※ 扯起叶子藤动弹，
提起闲事是非多。

※ 多个朋友多条路，
多个冤家多堵墙。

※ 不打勤，不打懒，
光打不长眼。

※ 困难相帮，千载不忘。

※ 大人不计小人过。

※ 知人知面不知心，
知山知水不知深。

※ 逢人只讲七分话，
不可全抛一片心。

※ 小人记仇，君子长志。

※ 能给君子牵马坠蹬，
不给小人出谋划策。

※ 天不言自高，
地不言自厚。

※ 口是一个招祸门，
话到嘴边留三分。

※ 睡着的人好叫，
装睡的人难喊。

※ 是非只因多开口，
烦恼都是强出头。

※ 力微休负重，
言轻莫劝人。

※ 金无足赤，人无完人。

※ 话到嘴边留半句，
理到穷处让三分。

※ 背人没好话，
好话不背人。

※ 打铁看火色，
看人看脸色。

※ 该放手时就放手，
得饶人处且饶人。

※ 亲戚若要好，
银钱少打搅。

※ 不看人亲不亲，
要看理顺不顺。

※ 不做中人不担保，
一生一世不烦恼。

※ 人情留一线，
日后好见面。

※ 认理不认人，
帮理不帮亲。

※ 莑能吃，糠能吃，
气不能吃；
吃能让，穿能让，
理不能让。

※ 理字不重，万人难动。

※ 杏花雨，杨柳风，
知心话最好听。

※ 光棍大，朋友架，
朋友不架他不大。
（光棍，方言，泛指那些在办事时周边人都给其面子的管事者。）

※ 千金易得，知己难求。

※ 谁人背后无人说，
哪个人前不说人。

※ 说话别疑话，
疑话没好话。

※ 君子动口不动手。

※ 众人心里有杆秤。

※ 唾沫腥子淹死人。

※ 假让客遇着热粘皮。

※ 画虎画皮难画骨，

知人知面不知心。

※ 十分精细莫使尽，
留下三分给儿孙。

※ 人生只会量人短，
何不回头把自量。

※ 遇事和为贵。

※ 说好话当钱使。

※ 择善人而交，
择善书而读；
择善言而听，
择善行而从。

※ 须交有道之人，
莫交无义之友。

※ 开方便之门，
闭是非之口。

※ 事不三思终有悔，
人能百忍自无忧。

※ 低石榴，结果多；
低个子，心眼多。

※ 五十不交钱，
六十不交言。

※ 一拃没有四指近，
四指不如连着亲。

※ 维持一人开条路，
得罪一人多堵墙。

※ 酒肉朋友，不会长久。

生活类

※ 穿衣戴帽，顶底相照。

※ 老来俏，老来俏，
老了不俏没人要。

※ 好看不如巧打扮，
好吃还是家常饭。

※ 东西要吃暖，
衣服要穿宽。

※ 看客下菜，量体裁衣。

※ 勤俭有衣穿，
懒惰受饥寒。

※ 新一年，旧一年，
缝缝补补又一年。

※ 出门走路看风向，
吃饭穿衣量家当。

※ 光棍不用学，
只要穿得薄。

※ 三九狗肉赛烧酒。
（烧酒，指白酒。）

※ 剩饭热三遍，
拿肉都不换。

※ 勤人有精神，
懒人瞌睡多。

※ 手脚勤快，有米有菜。

※ 贫贱夫妻不可嫌，
糟糠之妻不下堂。

※ 娶妻重贤不重金。

※ 黄金未有贵，
安乐值钱多。

※ 有福不在忙，
无福跑断肠。

※ 囤里有余粮，
灾年不饥荒。

※ 不会精打细算，
哪来家产万贯。

※ 能叫吃半顿，
不叫断了顿。

※ 三年不吸烟，
买个大老犍。
（老犍，指阉过的公牛。）

※ 一年不吃肉，
买头大黄牛。

※ 越睡越懒，
越吃越馋。

※ 苗好一半谷，
妻好一半福。

※ 好狗不咬鸡，
好汉不打妻。

※ 人是马虎虫，
不怕死，就怕穷。

※ 狗肉滚三滚，
神仙站不稳。

※ 小两口一条心，
日子过得赛黄金。

※ 不吵不闹没法子，
叮叮当当一辈子。

※ 夫妻好比同林鸟，
大难临头各自飞。

※ 从小管不严，
长大就麻烦。

※ 人在人情在，
人走茶就凉。

※ 百米不成饭，
百麦不成面。

※ 勤能补拙，熟能生巧。

※ 不当家不知柴米贵，
不养儿不知父母恩。

※ 穷在大街无人问，
富在深山有远亲。

※ 有柴有米是夫妻，
无柴无米各东西。

※ 儿子孝顺不如媳妇孝顺，
闺女孝顺不如女婿孝顺。

※ 家家都有一本难念的经。

※ 一分耕耘，一分收获。

※ 庄稼佬，只向小。

※ 有啥老哩，就有啥小哩。

※ 多儿多女多冤家，
无儿无女活菩萨。

※ 半夜哭妗子，
想起来一阵子。

※ 爹有娘有，不如自己有，
丈夫有，还要伸伸手。

※ 吃人家的饭，
看人家的脸。
端人家的碗，
受人家的管。

※ 家庭不和，四邻不安。

※ 男也勤，女也勤，
衣食住行不愁人。

※ 一天一根线，
十年积成缎。

※ 万句言语吃不饱，
一捧清水能解渴。

※ 当家方知柴米贵，
出门方晓路难行。

※ 十朵菊花九朵黄，
十个闺女九像娘。

※ 夫妻不生隔夜气，
亲戚不伤百日和。

※ 一日夫妻百日恩，
百日夫妻似海深。

※ 能买吃亏物，
不买便宜嘴。

※ 自己吃填坑，
别人吃扬名。

※ 穷生奸计，富长良心。

※ 驴粪蛋子外表光。

※ 公婆不如爹娘，
媳妇不如儿郎。

※ 有钱不花，死了白搭。

※ 爹八两，娘半斤，
啥都没有两口亲。

※ 鸡叫三遍不起床，
堂前难孝爹和娘。

※ 男人好吃要背账，
女人好吃要上当。

※ 剪刀有口，两片心，
一个阳来，一个阴。

※ 树大分枝，儿大分家。

※ 粮收万石，
也要粗茶淡饭。

※ 小孩恋妈，大人恋家。

※ 在外鸡鸭鱼蛋，
不如自家粗茶淡饭。

※ 荒年不忘荞麦，
穷人不忘老宅。

※ 远水不解近渴，
多年邻居变成亲。

※ 为人莫耍刀，
耍刀必挨刀。

※ 青芽能顶粮，

无芽饿断肠。

※ 坐吃山会倒，
勤俭日子好。

※ 会打会算，钱粮不断；
细水长流，吃喝不愁。

※ 晴天防阴天，
丰年防灾年。

※ 一顿省一口，
一年省一斗；
一天省一把，
一年买匹马。

※ 有钱需想无钱时，
莫到无时想有时。

※ 人勤家有粮，
人懒打饥荒。

※ 积累好比砌高楼，
浪费好比洪水流。

※ 人多没好饭，
猪多没好食。

※ 困难像弹簧，
你弱它就强。

※ 做事要准，办事要稳。

※ 兄弟齐心金不换，
妯娌和睦家不散。

※ 人串门子惹是非，
狗串门子挨棒槌。

※ 吃不清的剩饭，
招不完的没趣。

※ 丰收不忘荒年，
夏天不忘备棉。

※ 家有万石粮，
说话气也长；
家有万石谷，
说话气也粗。

※ 年轻享福不算福，
老来享福才算福。

※ 行船靠撑舵，
理家靠节约。

※ 远亲不如近邻，
近邻不如对门。

※ 老嫂比母，小叔似儿。

※ 早起三日顶个工，
早起三年顶一冬。

※ 晚睡早起，缸里有米；
早睡晚起，拖棍讨米。

※ 今日事，今日毕，
留到明天更着急。

※ 最亲莫若母子，
最爱莫若夫妻。

※ 暗教妻子，明教子。

※ 能叫稀溜溜，
不叫断了头。
（宁肯吃稀饭，不能断顿。）

※ 家有万贯，粮菜各半。

※ 满堂亲生儿女，
不如半路夫妻。

※ 细水长流，吃穿不愁。

※ 娶妻娶德不娶色，
交友交心不交财。

※ 能穿朋友衣，
不沾朋友妻。

※ 宁拆十座庙，
不破一桩婚。

※ 出门三分小，
还是在家好。

※ 外面再好不如家。

※ 丰收莫忘歉收年。

※ 亲戚不共财，
共财再不来。

※ 烧火要空心，
做人要实心。

※ 好死不如赖活着。

※ 人善被人欺，
马善被人骑。

※ 勤扫院子少赶集，
三年能买一头驴。

※ 不受苦中苦，
难做人上人。

※ 好了伤疤忘了疼。

※ 种不上庄稼一季子，
找不好媳妇一辈子。

※ 儿不孝，孙来报。

※ 天阴黑得早，
人愁老得快。

※ 花有重开日，
人无再少年。

※ 打铁还得身板硬。

※ 人怕老来穷，
苗怕钻心虫。

※ 抬手不打无娘子，
开口不骂赔礼人。

※ 两好搁一好，
一好好不了。

※ 一把圪针，
谁也捋不到头。

※ 宁舍千句话，
不舍一文钱。

※ 闲事不管，走路宽展。

※ 大海不怕雨水多，
好汉不怕困难多。

※ 打不断的亲戚，

骂不散的邻居。

※ 打出来的是铁，
炼出来的是钢。

※ 欠账还钱，天经地义。

※ 英雄不提当年勇，
人老不提少年时。

※ 光棍不吃眼前亏。

※ 弯刀对着瓢切菜，
瞎爷碰上瞎奶奶。

※ 十年河东转河西，
莫笑穷人穿破衣。

※ 人情似纸张张薄，
世事如棋局局新。

※ 血汗钱，万万年；
坑人钱，当时还。

※ 亲戚格料，各喊各叫。
（格料，方言，指人脾气怪。）

※ 丑媳妇不怕见公婆。

※ 男人心善，必定要饭。

※ 笑脸求人，不如黑脸求土。

※ 家里有个唠叨虫，
一辈子不受穷。

※ 不听他人劝，
祸事在眼前。

※ 零钱凑整钱，
用时不作难。

※ 前不算，后要乱；
紧紧手，年年有。

※ 满肚私心，百祸缠身。

※ 瞎子不点灯，
不见省油钱。

※ 要想长寿，先戒烟酒。

※ 男女搭配，干活不累。

※ 官不入民宅，
父不进子房。

※ 麦怕胎里旱，
人怕老来穷。

※ 远亲不如近邻，
近邻不如知心。

※ 有不孝儿女，
没有狠心爹娘。
孝顺生的孝顺子，
忤逆儿还生忤逆郎。

※ 兄弟分心家必败，
兄弟合心土生金。

※ 有钱难买老来瘦。

※ 三翻六坐九爬叉，
十个月会喊大大。

※ 恼一恼，老一老；
笑一笑，少一少。

※ 吃米带糠，吃菜带帮。

※ 哭不死的娃娃，
旱不死的棉花。

※ 不怕从小吃苦，
就怕老来受穷。

※ 小孩勤，耐烦人；
小孩懒，没人管。

※ 年轻贪玩，老了作难。

※ 少年金，青年银，
错过时光无处寻。

※ 骂是亲，打是恩，
不打不骂是仇人。

※ 手里有钱，办事不难；
家里有粮，日子不慌。

※ 富家一顿饭，
穷家半年粮。

※ 年年防火，夜夜防贼。

※ 一个老的，
养活十个小的；
十个小的，
养活不了一个老的。

※ 闺女是爹娘的小棉袄。

※ 二十年前做媳妇，
二十年后当婆婆。

※ 耳听为虚，眼见为实。

※ 健康是自己的，
钱财是儿女的。

※ 一家有女百家问。

※ 有钱没钱，回家过年。

※ 娘疼儿，儿疼妻，
过门闺女疼女婿。

※ 闺女好当，媳妇难为。

※ 天上无云不下雨，
地上无媒不成婚。

※ 不怕烂衣茅草屋，
只要有个好媳妇。

※ 少年夫妻老来伴，
一天不见问三遍。

※ 会挑的，挑女婿；
不会挑的，挑东西。

※ 吃饭敲筷子，
长大要饭吃。

※ 男人头，女人脚，
只许看不许摸。

※ 父母之命，媒妁之言。

※ 好儿不胜好媳妇，
好闺女不胜好女婿。

※ 儿不孝媳大胆。

※ 夫妻和好，白头偕老。

※ 会当媳妇两头瞒，
不会当媳妇两头传。

※ 油桶离不开油勺，
老头离不开老婆。

时政类

※ 大小当个官，
强似卖水烟。

※ 常在河边走，
没有不湿鞋。

※ 臣怕君不正，
父怕子不良。

※ 为官清正，百姓安乐。

※ 生于忧患，死于安乐。

※ 王子犯法，
与庶民同罪。

※ 当局者迷，旁观者清。

※ 做官还要抬轿人。

※ 一个将军一道令，
一朝天子一朝臣。

※ 一朝天子一朝臣，
这朝不用那朝人。

※ 朝里有人好做官，
鸡鸭狗猫都升天。

※ 官不打送礼的，
狗不咬屙屎的。

※ 衙门朝南开，
有理无钱难进来。

※ 千日养兵，用兵一时。

※ 强龙不压地头蛇。

※ 上梁不正下梁歪，
赖葫芦锯不出好瓢来。

※ 当官掉了印，
不如回家拾大粪。

※ 占着茅坑不拉屎。

※ 官大一级压死人。

※ 赏不论恩仇，
罚不论骨肉。

※ 上梁不正下梁歪，
身正不怕影子斜。

※ 用人不疑，疑人不用。

※ 只有千年的衙门，
没有千年的官。

※ 竖起招兵旗，
就有吃粮的兵。

※ 当官不为民作主，
不如回家卖红薯。

※ 国以民为本，
民以食为天。

※ 身正不怕影子斜，
脚不怕鞋子歪。

※ 清官难断家务事。

※ 官向官，民向民，
关云长向的蒲州人。

※ 屈死不告状，
饿死不做贼。

※ 心中无私天地宽。

※ 宁可正而过枉，
不可邪而有余。

※ 慈不掌兵，义不掌财。

※ 一个神仙一道法。

※ 官清书吏瘦，
神灵庙祝肥。
（庙祝，指寺庙中管香火的人。）

※ 己不正莫正他人。

※ 宁可清贫，不可浊富。

※ 水至清则无鱼。

※ 别把敌人当羊，
要把敌人当狼。

※ 敌人送的礼物，
不是毒药就是匕首。

※ 毒蛇没有粗细之分，
敌人没有远近之别。

※ 蛤蟆喜欢阴雨天，
坏人在找空子钻。

※ 先下手为强，
后下手遭殃。

※ 有剩饭没有剩官司。

※ 三年清知府，
十万白花银。

※ 十个衙门九个脏。

※ 一人不要命，
十人不敢动。

※ 没有诚实的狐狸，
没有吃素的老虎。

※ 魔高一尺道高一丈。

※ 朝中有人好做官，
家有好狗好看门。

※ 阎王爷不嫌鬼瘦，
贪官不顾民穷。

※ 有钱就有理，
没钱坐监狱。

※ 十个梅子九个酸，
十个官九个贪。

※ 谁变蝎子谁蜇人。

※ 宁当蛇头，
不为龙尾。

※ 新官上任三把火。

※ 一人为私，二人为公。

※ 落魄的凤凰不如鸡，
得势的狸猫胜狐狸。

※ 恶有恶报，善有善报，
不是不报，时候未到，
时机一到，必定会报。

※ 秀才造反，三年不成。

※ 没有清风，哪来细雨。

※ 清官难断家务事，
谁家灶屋不冒烟。

※ 欠账不昧，见官无罪。

※ 一人得道鸡犬升天。

※ 衙门少有善良人。

※ 人若不打虎，
虎就要伤人。

※ 掂着猪头找庙门，
拿着鸡毛当令箭。

二／歇后语

成语类

- 一二五——丢三落四
- 一棵树结两个果——无独有偶
- 一根头发牵牛——势单力薄
- 一根头发系石磨——千钧一发
- 一壶醋的赏钱——小恩小惠
- 一百个人吵架——多嘴多舌
- 利剑藏袖筒——不露锋芒
- 身上扎锥子——心惊肉跳
- 三天下了一盘棋——棋逢对手
- 一家三口——小门小户
- 十五块布做衣服——七拼八凑
- 十五个人聊天——七嘴八舌
- 入了殓写祭文——盖棺定论
- 三伏天刮西北风——莫名其妙
- 土地庙的横批——有求必应
- 土岗子上闹旱灾——山穷水尽
- 下雪天过独木桥——提心吊胆
- 大街上的布告——众所周知
- 大街上卖杂碎——提心吊胆
- 大汉耍灯草——轻而易举
- 口传家书——言而无信
- 千里通电话——遥相呼应
- 千年的大树——根深蒂固
- 耗子骂大街——贼喊捉贼
- 飞蛾撵蜘蛛——自投罗网
- 马桶倒进臭水沟——同流合污
- 缸里的王八——走投无路
- 开弓不放箭——虚张声势

- 不拜灶王拜山神——舍近求远
- 月亮底下跳舞——形影不离
- 孔明练琵琶——老生常谈
- 水龙头下洗头——首当其冲
- 水银落地——无孔不入
- 古庙里的旗杆——独一无二
- 石菩萨的眼睛——有眼无珠
- 龙王爷出海——兴风作浪
- 龙王爷的人马——虾兵蟹将
- 龙王爷亮相——张牙舞爪
- 龙王庙的横批——风调雨顺
- 打鼓不打面——旁敲侧击
- 干打雷不下雨——虚张声势
- 织好的渔网——千疮百孔
- 叫花子掏腰包——空空如也
- 叫花子吃豆腐——一穷二白
- 地毯上找针——吹毛求疵
- 老槐树枯了心——外强中干
- 老太太吃黄连——苦口婆心
- 老牛走老路——因循守旧
- 老鸹抢了鸽子食——化为乌有
- 过年吃团圆饭——济济一堂
- 光棍汉出家——无牵无挂
- 光膀子打架——赤膊上阵
- 肉案上的买卖——斤斤计较
- 竹子长杈——节外生枝
- 丢了拐棍的盲人——寸步难行
- 坟地里睡酒鬼——醉生梦死
- 近视眼看告示——迫在眉睫
- 雨花台的石子——五光十色
- 肥狗咬主人——忘恩负义
- 树叶落河里——随波逐流

- 钝刀砍乱麻——三长两短
- 看失火唱歌——幸灾乐祸
- 看戏流眼泪——触景生情
- 春蚕吐丝——作茧自缚
- 太和殿的匾——无依无靠
- 桃子破肚皮——杀身成仁
- 热锅上的蚂蚁——走投无路
- 假李逵碰着真李逵——冤家路窄
- 猛虎落到陷阱里——威风扫地
- 阎王奶奶害喜——心怀鬼胎
- 朝廷的太监——后继无人
- 粪坑里倒马桶——臭味相投
- 八个罗汉抬轿——四平八稳
- 鏊子上烙馍——翻来覆去
- 把妖精当菩萨——善恶不分
- 白骨精演讲——妖言惑众
- 拜把兄弟开绸店——结党营私（丝）
- 半个铜钱——不成方圆
- 半夜敲钟——一鸣惊人
- 半夜里下雨——下落不明
- 棒槌里插针——粗中有细
- 宝剑出鞘——锋芒毕露
- 抱着琵琶进牛屋——对牛弹琴
- 病好打郎中——恩将仇报
- 财主劫路——为富不仁
- 长篇小说——千言万语
- 吃了黄连劝儿媳——苦口婆心
- 一条船上的难友——风雨同舟
- 吹牛皮不打草稿——信口开河
- 此曲只应天上有——不同凡响
- 大肚弥勒佛——笑口常开

- 大冷天去要饭——饥寒交迫
- 洞房里说话——甜言蜜语
- 断线的风筝——远走高飞
- 风扫杨花——下落不明
- 夫妻唱小调——一唱一和
- 隔岸观火——袖手旁观
- 隔山喊话——遥相呼应
- 公鸡打鸣，母鸡下蛋——各司其职
- 光棍种地——自食其力
- 广东人唱京剧——南腔北调
- 刽子手咧嘴——笑里藏刀
- 胡同里见仇人——冤家路窄
- 花绸子上绣牡丹——锦上添花
- 黄昏走到山崖——日暮途穷
- 奸商遇骗子——尔虞我诈
- 姐俩回娘家——殊途同归
- 姐俩害相思——同病相怜
- 腊月的大雪——铺天盖地
- 癞蛤蟆想吃天鹅肉——异想天开
- 黄牛吃黄连——吃苦耐劳
- 老牛拉车——埋头苦干
- 老寿星返童——面目全非
- 老寿星头上插稻草——倚老卖老
- 老鼠拉木锨——大头在后头
- 列车上听广播——道听途说
- 龙王爷作法——呼风唤雨
- 骆驼挨鞭子——忍辱负重
- 七窍通六窍——一窍不通
- 强盗救火——趁火打劫
- 强盗抓小偷——贼喊捉贼
- 染坊的常客——好色之徒

- 染房里吹笛子——有声有色
- 入洞房生孩子——双喜临门
- 三伏天打冷战——不寒而栗
- 三月里扇扇子——满面春风
- 孙子打爷爷——犯上作乱
- 逃荒的落户——举目无亲
- 天文台上的望远镜——好高骛远
- 挑水的逃荒——背井离乡
- 铁匠生炉子——煽风点火
- 铁匠使凿子——斩钉截铁
- 秃子的头皮——不毛之地
- 歪嘴吹火——歪风邪气
- 外婆待外孙——诚心诚意
- 王麻子的剪刀——货真价实
- 喜鹊飞进洞房——喜上加喜
- 下象棋不走卒——按兵不动
- 掀菩萨烧庙——无恶不作
- 县衙门前敲鼓——鸣冤叫屈
- 小二黑结婚——心甘情愿
- 秀才当兵——文武双全
- 摇着扇子聊天——谈笑风生
- 要饭的打了碗——倾家荡产
- 一手拿针，一手拿线——望眼欲穿
- 鹦鹉舌，画眉嘴——能说会道
- 鹦鹉学舌——人云亦云
- 游方的道士——四海为家
- 雨后的彩虹——五光十色
- 云彩里盖大厦——空中楼阁
- 杂耍班走江湖——逢场作戏
- 正月十五观花灯——眼花缭乱
- 纸糊的大鼓——不堪一击

- 中秋节赏桂花——花好月圆
- 中医的柜子——不拘一格
- 重身婆娘过独木桥——铤而走险（重身，方言，指怀孕了。）
- 自愿吃药——心服口服
- 走江湖的卖假药——招摇撞骗
- 钝刀切藕——藕断丝连
- 炸了窝的蚂蚁——东逃西窜
- 穿孝衣拜天地——悲喜交加
- 骆驼的脖子仙鹤的腿——各有所长
- 泰山顶上看日出——高瞻远瞩
- 哥俩坐班房——难兄难弟
- 砧板上的鱼——任人宰割
- 捏住鼻子吃葱——忍气吞声
- 挨了棒子的狗——气急败坏
- 桌子缝里舔芝麻——穷相毕露
- 铁打的身子铜铸的心——一成不变
- 铁匠铺里卖豆腐——软硬兼施
- 笔尖上开牡丹——妙笔生花
- 烟囱底下看天——一孔之见
- 瓷器店里逮老鼠——谨小慎微
- 眼睛看鼻尖——目光短浅
- 偷油的耗子——油嘴滑舌
- 猫在洞口等老鼠——目不转睛
- 猫头鹰落日光管上——弃暗投明
- 厨师的垃圾——鸡毛蒜皮
- 喝了御酒——有功之臣
- 矮地炮嫁个高挑个——取长补短
- 猴子捉虱——抓耳挠腮
- 猴子爬竹竿——上蹿下跳
- 强盗打灯笼——明火执仗

- 骚狐狸见不得关二爷——邪不压正
- 蒙在被窝里放屁——自作自受
- 矮子爬墙头——出人头地
- 腿肚子抽筋——寸步难行
- 鲜鱼下油锅——死不瞑目
- 端午节吃饺子——与众不同
- 辣子一行茄子一行——井井有条
- 瞎子过桥——提心吊胆
- 瞎子背拐子——各显其能
- 蝙蝠的眼睛——目光短浅
- 蹬鼻子上脸——欺人太甚
- 躺在棺材里瞪眼——死不瞑目
- 鲤鱼跳龙门——身价百倍
- 魔术师的本领——弄虚作假
- 魔术师变戏法——眼疾手快
- 泥菩萨过河——自身难保
- 小葱拌豆腐——一清二白
- 飞机上装大粪——臭气熏天
- 干打雷不下雨——有名（鸣）无实
- 王八找个鳖亲家——门当户对
- 见强盗喊爹——认贼作父
- 手电筒没灯泡——有眼无珠
- 手拿谜语猜不出——执迷（谜）不悟
- 见狗扔骨头——投其所好
- 水缸里抓王八——手到擒来
- 平地起骨堆——无中生有
- 要饭的拾元宝——乐不可支
- 针尖碰麦芒——针锋相对
- 出洞的老鼠——东张西望
- 蚊子找蜘蛛——自投罗网

- 寺庙的钟——远近闻名（鸣）
- 老子纳妾，儿宿娼——上行下效
- 灰堆里吹喇叭——乌烟瘴气
- 扛起锄头放下枪——解甲归田
- 鱼找鱼，虾找虾，乌龟找王八——气味相投
- 骑自行车追汽车——望尘莫及
- 杀猪开膛——搜肠刮肚
- 鸡给黄鼠狼拜年——自投罗网
- 杀鸡用牛刀——小题大作
- 杀鸡给猴看——杀一儆百
- 老和尚念经——千篇一律
- 决了堤的河水——滔滔不绝
- 起重机吊鸡毛——大材小用
- 关起门来抓鸡——十拿九稳
- 秀才背书——出口成章
- 绣花针沉大海——无影无踪
- 煮熟的鸭子飞了——弥天大谎
- 斩草不除根——后患无穷
- 红头苍蝇叮牛粪——臭味相投
- 这山望着那山高——见异思迁
- 杉木杆做椽子——宁折不弯
- 前有狼，后有虎——进退两难
- 花绸子当抹布——大材小用
- 神婆驱鬼——装模作样
- 听见猫叫身发抖——胆小如鼠
- 针尖上落灰——微乎其微
- 谷子地里长高粱——出人头地
- 肚脐上点灯——心照不宣
- 一屁股坐在鸡蛋上——一塌糊涂
- 鸡穿大褂狗戴帽——衣冠禽兽
- 玩戏法的揭盖布——真相大白

- 卖了老婆捐知县——官迷心窍
- 和尚撞钟——得过且过
- 瓮中捉鳖——十拿九稳
- 夜猫子的眼睛——颠倒黑白
- 独眼龙看媳妇——一目了然
- 单身汉娶媳妇——自作主张
- 刷白的烟囱——表里不一
- 姑娘当媒婆——自顾不暇
- 经霜的黄豆角——四分五裂
- 毒蛇吐信子——出口伤人
- 半夜捅鸡窝——暗中捣蛋
- 厨师炒菜——添油加醋
- 大海退潮——水落石出
- 飞机下面趴蚊子——以大压小
- 蚊子落到灯头上——自取灭亡
- 城门挂猪肝——没心没肺
- 城头上乘凉——好出风头
- 相逢不下马——各奔前程
- 砌墙的砖——后来居上
- 牵住藤摘瓜——穷追不舍
- 庙里的和尚——无牵无挂
- 没有根的浮萍——无依无靠
- 麻子跳伞——天花乱坠
- 埋下的地雷——一触即发
- 煤灰拌石灰——黑白不分
- 歪戴帽子斜穿袄——不成体统
- 棉花里藏针——柔中有刚
- 门框脱坯——大模大样
- 棉花地里种芝麻——一举两得
- 望远镜看风景——近在眼前
- 八级工拜师傅——精益求精
- 蚊子叮鸡蛋——无缝可钻

- 卖米的不带升子——居心不良（量）
- 娃娃看魔术——莫名其妙
- 蜗牛赴宴——不速之客
- 媒婆夸闺女——天花乱坠
- 皇上做馒头——御驾亲征（蒸）
- 神枪手打靶——弹无虚发
- 染坊里的衣料——任人摆布
- 射箭没靶——无的放矢
- 饿狗争食——自相残杀
- 被窝里磨牙——怀恨在心
- 雪花落河里——无影无踪
- 唱戏的卸了装——原形毕露
- 脱缰的野马——横冲直撞
- 做梦见阎王——死去活来
- 做贼不用化妆——贼眉鼠眼
- 做贼的说梦话——不打自招
- 猛虎下山——势不可挡
- 猛虎站高山——趾高气昂
- 断了线的珠子——七零八落
- 雷声大雨点小——虚张声势
- 布袋里装锥子——锋芒毕露
- 铁桶装锥子——锋芒不露
- 新郎官戴孝帽——悲喜交集
- 马路上装电灯——光明大道
- 媳妇回娘家——熟门熟路
- 舞台上谈恋爱——逢场作戏
- 醉汉走路——东倒西歪
- 泥水匠干活——拖泥带水
- 拿着鸡毛当令箭——小题大作
- 擀面杖吹火——一窍不通
- 腰里别根扁担——横行霸道

- 娶媳妇嫁闺女——一进一出
- 民航局开张——有机可乘
- 不到黄河心不死——顽固不化
- 老鼠啃书——咬文嚼字
- 过河拆桥——忘恩负义
- 飞蛾扑火——自取灭亡
- 大闺女走夜路——提心吊胆
- 老磨盘磨豆子——无耻（齿）下流
- 老爷爷发脾气——吹胡子瞪眼
- 卖布的不带尺子——存心不良（量）
- 螃蟹过河——七手八脚
- 螃蟹过马路——横行霸道
- 军事家的论文——纸上谈兵
- 秃子头上拍巴掌——正大（打）光明
- 推土机拐弯——卷土重来
- 披着袈裟喝人血——面善心毒
- 狗见主人——摇头摆尾
- 螳臂挡车——不自量力
- 属昙花的——红颜薄命
- 鼻子搽白粉——一副奸相
- 撅屁股看天——有眼无珠
- 瞎子拜老丈人——有眼不识泰山
- 瘸子靠着瞎子走——取长补短
- 翻潭的老鳖——兴风作浪
- 斗败的公鸡——垂头丧气
- 老虎吃狼——弱肉强食

典故类

- 哪吒闹海——风浪大
- 昭君出塞——和亲
- 神垕窑的瓷器——有名
- 袁世凯当皇帝——短命
- 贾宝玉看西厢记——戏中有戏
- 哼哈二将斗法——喷云吐雾
- 铁拐李过独木桥——够呛
- 铁拐李的葫芦——不知卖的什么药
- 郭子仪做寿——全家都上
- 唐僧念紧箍咒——后猴头遭祸
- 唐僧碰见白骨精——敌我不分
- 唐僧的二徒弟——无（悟）能
- 诸葛亮斩马谡——不念旧情
- 诸葛亮唱空城计——急办法
- 诸葛亮用兵——神出鬼没
- 诸侯分天下——各自为政
- 梅兰芳演洛神——改头换面
- 萧太后的筵席——好吃难消化
- 黄忠出阵——不服老
- 曹操战宛城——大败而逃
- 曹操败走华容道——不出所料
- 曹操用计——又奸又滑
- 林冲雪夜上梁山——逼的
- 崔莹莹患病——心病
- 猪八戒西天取经——三心二意
- 猪八戒掀门帘——嘴先进
- 猪八戒耍把式——倒打一耙

- 猪八戒背媳妇——上了孙猴儿的当
- 猪八戒吃人参果——狼吞虎咽
- 猪八戒睡觉——鼾声如雷
- 猪八戒见酒席——眉开眼笑
- 阎王爷开会——都不是人
- 阎王爷点生死簿——一笔勾销
- 阎王爷贴告示——鬼话连篇
- 阎王爷的计策——鬼主意
- 阎王爷嫁闺女——鬼要
- 梁山入伙——志同道合
- 韩信一饭千金——不忘旧恩
- 韩湘子拉着铁拐李——会吹会捧
- 韩湘子的花篮——装不满
- 蒋干盗书——上当
- 程咬金上阵——三板斧
- 程咬金当皇帝——当不得真
- 猴王闹天宫——大打出手
- 寒号鸟晒太阳——得过且过
- 杨家将——阵阵少不了
- 楚霸王自刎乌江——没脸回江东
- 楚霸王困垓下——四面楚歌
- 错把李逵当张顺——黑白不分
- 廉颇三挡蔺相如——斗气
- 蔡瑁迎刘备——好话说尽，坏事做绝
- 阚泽下降书——有诈
- 瞎子摸象——不识大体
- 潘仁美挂帅——不敢多言
- 潘仁美会严嵩——一对奸
- 潘金莲哭武大郎——虚心假意
- 潘金莲害亲人——另有所图
- 燕昭王的黄金台——招贤纳士

- 刘备逢场作戏——哭中有计
- 狗咬吕洞宾——不识好人心
- 猪八戒的脊梁——无能之辈（背）
- 七仙女回娘家——云里来，雾里去
- 三顾茅庐——难请
- 三毛的头发——稀少
- 县太爷的惊堂木——官气（器）
- 小猴冒充孙悟空——混上天了
- 周瑜打黄盖——一个愿打，一个愿挨
- 周瑜打瞌睡——梦想荆州
- 杜十娘的百宝箱——万贯财产
- 杨排风的烧火棍——大有用场
- 杨令公的儿子——一个比一个厉害
- 孔夫子搬家——净是输（书）
- 对着张飞骂刘备——找茬
- 猪八戒背媳妇——不惜力气
- 鲁班门前耍斧——有眼无珠
- 吕布杀董卓——大义灭亲
- 关公走麦城——骄必败
- 刘姥姥进大观园——不知所措
- 七擒孟获——心服口服
- 关云长卖豆腐——人硬货不硬
- 关公跟前耍大刀——不自量力
- 关公战秦琼——挨不上
- 唐伯虎追秋香——千方百计
- 唐僧讲佛经——出口成章
- 唐僧念书——一本正经
- 唐僧取经——一心一意
- 许仙的老婆——白忙（蟒）
- 如来佛出虚恭——神气

  （出虚恭，指放屁。）
- 杨志卖刀——无人识货

- 宰相的千金，皇帝的女儿——不愁嫁
- 诸葛亮用空城计——不得已
- 诸葛亮吊孝——装模作样
- 张飞的娘——无事生非（吴氏生飞）
- 猪八戒照镜子——里外不是人
- 刘备请诸葛——三顾茅庐
- 李逵卖煤——人黑货也黑
- 灶王爷上天——好话多说
- 判官的肚子——鬼心肠
- 陈世美犯法——包办
- 武大郎卖烧饼——货硬人不硬
- 武大郎做衣服——省材料
- 林黛玉进贾府——谨小慎微
- 郑庄公修地道——黄泉见母
- 细柳营的规矩——只听军令
- 城隍庙搬家——神出鬼没
- 荆轲刺秦王——图穷匕首见
- 南郭先生吹竽——滥竽充数
- 草船借箭——满载而归
- 赵云大战长坂坡——大显神威
- 赵括打仗——纸上谈兵
- 刘备借荆州——有借无还
- 安禄山起兵——反了
- 曹操遇蒋干——倒了大霉
- 王佐断臂——留一手
- 周瑜归天——气死的
- 孙悟空听见紧箍咒——头疼
- 梅兰芳唱霸王别姬——拿手好戏
- 梅香拜把子——都是奴才
- 屎壳郎戴乌纱——冒充黑老包
- 秦桧的奏本——进谗言

- 秦桧的朋友——奸党
- 铁扇公主的芭蕉扇——能大能小
- 盘古续弦——人老心不老
- 隔着门缝看孔明——看扁了英雄
- 张果老骑驴——倒着走
- 孔夫子打哈欠——文气冲天
- 此地无银三百两——不打自招
- 宋江的军师——无（吴）用
- 招亲招个猪八戒——自找难看
- 孟尝君的门客——啥人都有
- 潘仁美上殿——良策不多
- 张飞穿针——大眼瞪小眼
- 张飞遇见李逵——黑对黑
- 隔着门缝看包公——小看青天
- 火烧城隍庙——急死鬼
- 张飞吃豆芽——小菜一碟
- 九里山前摆战场——四面楚歌
- 九华山的菩萨——照远不照近
- 三顾茅庐——求贤
- 三岔路口审苏三——武戏文唱
- 大观园里哭贾母——各有各的伤心处
- 上朝不带奏折——忘本
- 卫懿公养仙鹤——忘了国事
- 女儿国招亲——空喜一场
- 罗成的枪法——独传
- 小鬼升城隍——小人得志
- 鬼见钟馗——望而生畏
- 马谡用兵——言过其实
- 王老虎抢亲——偷鸡不成蚀把米
- 王莽传令——一天三改
- 王伦当寨主——无人投奔

- 王婆照应武大郎——不怀好心
- 王宝钏等薛平贵——忠贞不渝
- 王宝钏爱上叫花子——有远见
- 王母娘娘开蟠桃会——聚精会神
- 天蓬元帅下凡——净走邪门
- 太岁头上动土——胆大
- 比干丞相——无心
- 牛魔王请客——净是妖
- 牛郎会织女——喜相逢
- 气死周瑜去吊孝——虚情假意
- 公子重耳拾破烂——饱不忘饥
- 周文王请姜太公——尽找明白人
- 文彦博抄字帖——以假乱真
- 火烧博望坡——出茅庐头一功
- 孔夫子朝武当——大圣下降
- 孔明大摆空城计——化险为夷
- 孔明挥泪斩马谡——明正军纪
- 孔明哭周瑜——假慈悲
- 孔明弹琴退仲达——好沉着
- 甘露寺招亲——弄假成真
- 甘露寺里的刘备——安然无恙
- 石敢当搬家——挖墙脚
- 申公豹下山——不干好事
- 申公豹的嘴——搬弄是非
- 白素贞借伞——一见钟情
- 白骨精见孙悟空——原形毕露
- 白骨精给唐僧送饭——虚心假意
- 白娘子水漫金山——大动干戈
- 白娘子喝雄黄酒——现了原形
- 白娘子上断桥——想起旧情
- 白娘子遇许仙——千里姻缘
- 包公斩包勉——正人先正己

- 包公的铡——不论私情
- 包公审案——铁面无私
- 司马遇文君——一见钟情
- 老黄忠下天荡山——一扫而平
- 老令公碰碑——尽忠
- 老灶爷下界——到家了
- 老君炉炼出的孙悟空——火眼金睛
- 西施掉门牙——美中不足
- 西门庆请武大郎——没安好心
- 成吉思汗的兵马——所向无敌
- 百里奚饲牛拜相——人不可貌相
- 百里奚认妻——位高不忘旧情
- 死诸葛吓走活仲达——生不如死
- 吃了老君炉中定心丹——踏实
- 吕蒙正住破窑——无处安身
- 吕不韦的儿子——不敢认
- 吕布叛荆州——出尔反尔
- 吕布戏貂蝉——英雄难过美人关
- 吕洞宾吹箫——神曲
- 吕洞宾的宝剑——阴阳面
- 华容道绝处逢生——天不灭曹
- 刘皇叔哭荆州——拿眼泪吓人
- 刘全进瓜——进贡赎罪
- 刘备三顾茅庐——虚心请教
- 刘备取成都——不得已
- 刘备卖草鞋——本行
- 刘备摔阿斗——收买人心
- 刘备遇孔明——如鱼得水
- 刘备的江山——哭出来的
- 刘备对孔明——言听计从
- 刘姥姥进大观园——少见多怪

- 刘姥姥坐席——尽出洋相
- 李闯王进京——穷人坐天下
- 关云长刮骨下棋——若无其事
- 关云长守嫂嫂——情义为重
- 关云长单刀赴会——有胆有魄
- 关云长进曹营——单刀直入
- 关云长斗李逵——大刀阔斧
- 关羽失荆州——骄兵必败
- 关羽放曹操——念旧情
- 许仙遇着白娘子——天降良缘
- 许褚战马超——赤膊上阵
- 孙二娘开饭店——进去出不来
- 孙武训练宫女——纪律严明
- 孙权的招亲计——赔了夫人又折兵
- 孙大圣赴蟠桃会——偷吃偷喝
- 孙大圣遇到如来佛——有法难使
- 孙行者钻进牛魔王肚里——心腹之患
- 孙行者的脸——说变就变
- 孙行者西天取经——大显神通
- 孙行者大闹天宫——慌了神
- 孙行者捉妖——变化无穷
- 孙悟空上花果山——称王称霸
- 孙悟空当齐天大圣——自尊自大
- 孙悟空遇唐僧——有理说不清
- 孙悟空拜唐僧——改邪归正
- 孙悟空的金箍棒——随心如意
- 孙悟空守桃园——自食其果
- 红娘挨打——成全好事
- 纣王信妖言——众叛亲离
- 杜十娘的百宝箱——全部家当

- 杜十娘怒沉百宝箱——倾家荡产
- 杨二郎的兵器——两面三刀
- 杨志卖刀——无人认货
- 杨五郎当和尚——半路出家
- 杨四郎落泪——有家难回
- 杨乃武坐牢——屈打成招
- 杨宗保招亲——打出来的
- 杨家将上阵——全家出动
- 苏三上公堂——句句实话
- 苏妲己献媚——残害忠良
- 苏妲己的妈妈——老狐狸精
- 李鬼劫路——盗名欺世
- 李鬼舞双斧——硬充好汉
- 来俊臣的高着——请君入瓮
- 时迁偷鸡——不打自招
- 吴刚砍桂花树——没完没了
- 何仙姑回娘家——云来雾去
- 佘太君挂帅——马到成功
- 沙和尚挑担子——忠心耿耿
- 宋朝的秦桧，明朝的严嵩——奸对奸
- 宋江杀阎婆惜——迫不得已
- 张天师戏何仙姑——两厢情愿
- 张果老倒骑驴——往后看
- 张生遇着崔莺莺——一见钟情
- 张顺浪里斗李逵——以长攻短
- 张飞上阵——横冲直撞
- 张驴告状——冤枉好人
- 陈世美招驸马——喜新厌旧
- 武松打虎——艺高人胆大
- 武松上景阳冈——专打拦路虎
- 武大郎卖豆腐——人怂货软
- 武大郎捉奸——有心无力

- 武大郎敲门——怂人到家
- 武大郎的媳妇——给人家养的
- 武则天的名字——日月空
- 林黛玉焚诗稿——断了痴情
- 林黛玉葬花——自叹命薄
- 林冲误进白虎堂——中了诡计
- 范雎遇蔡泽——甘拜下风
- 拉着土匪叫爹——认贼作父
- 卓文君开酒馆——夫唱妇随
- 罗成的绝招——回马枪
- 罗煊下界——带着火来的
- 周瑜打黄盖——两厢情愿
- 周幽王点烽火台——千金一笑
- 闹海的哪吒——神通广大
- 孟光做饭梁鸿吃——举案齐眉
- 孟尝君过函谷关——鸡鸣狗盗
- 孟姜女哭长城——不见亲人
- 赵云大战长坂坡——大显神威
- 赵云送刘备过江——依计而行
- 昭关的守将——真假不辨
- 拜佛走进吕祖庙——走错门了
- 钟馗打饱嗝——肚里有鬼
- 看三国掉眼泪——替古人担忧
- 皇甫讷扮伍子胥——蒙混过关
- 济公出家——吃荤不吃素
- 姜太公封神——自己没有份
- 姜太公钓鱼——愿者上钩
- 姜太公的坐骑——四不像
- 姜子牙火烧琵琶精——现了原形
- 娄阿鼠问卦——做贼心虚
- 骆宾王写《讨武曌檄》——奇才显扬

- 秦琼卖刀——忍痛割爱
- 晋国借路攻北虢——唇亡齿寒
- 晋襄公放败将——纵虎归山
- 晋文公退避三舍——报恩
- 贾宝玉出家——看破红尘
- 贾宝玉的爹——假正（贾政）
- 晏子斗楚王——不亢不卑
- 晏子使楚——不辱使命
- 铁拐李葫芦里的药——不治自己的病
- 徐庶进曹营——一言不发
- 拿狸猫换太子——以假充真
- 狼吃东郭先生——恩将仇报
- 高俅踢球——平步青云
- 唐三藏取经——好事多磨
- 唐僧的肉——谁都想吃
- 唐僧的心胸——慈悲为怀
- 诸葛亮三气周瑜——略施小计
- 诸葛亮下东吴——心里有数
- 诸葛亮过长江——胸有成竹
- 诸葛亮借东风——神机妙算
- 诸葛亮用兵——出奇制胜
- 诸葛亮皱眉头——计上心来
- 诸葛亮弹琴退仲达——临危不乱
- 诸葛亮隆中对策——先声夺人
- 陶公祖三让徐州——诚心诚意
- 萧何月下追韩信——连夜赶
- 黄忠叫阵——不甘示弱
- 黄忠射箭——百发百中
- 曹操下江南——来得凶，败得惨
- 曹操到赤壁——利令智昏
- 曹操中计斩蔡瑁——操之过急
- 曹操遇关公——喜不自胜

- 曹操用人——唯才是举
- 曹刿论战——一鼓作气
- 曹孟德下江南——劳而无功
- 林冲雪夜上梁山——逼急了
- 崔莺莺送张生——依依不舍
- 崇祯上吊——走投无路
- 猪八戒到女儿国——神魂颠倒
- 猪八戒取经——半信半疑
- 猪八戒相亲——怕露嘴脸
- 猪八戒初进高老庄——假装好汉
- 梁山上的英雄——不打不相识
- 梁山上的好汉——逼出来的
- 梁红玉击鼓——贤内助
- 韩琪自刎——舍己救人
- 韩湘子出家——一去不复返
- 韩湘子吹笛——不同凡响
- 董卓进京——心怀鬼胎
- 董卓戏貂蝉——死在花下
- 蒋干过江——弄巧成拙
- 越王献西施——美人计
- 程咬金的本事——三斧头
- 鲁班门前耍锛——献丑
- 鲁智深出家——无牵挂
- 鲁智深倒拔垂杨柳——令人生畏
- 鲁肃上了孔明的船——糊里糊涂
- 鲁肃服孔明——五体投地
- 谢安做官——东山再起
- 强盗杀死赵公元帅——谋财害命
- 楚霸王的鸿门宴——不去也得去
- 鉴真和尚东渡——传经送宝
- 蜀犬吠日——少见多怪
- 廉颇拜蔺相如——负荆请罪

- 蔺相如回车避廉颇——冤家路窄
- 管鲍之交——最为知己
- 管宁割席——不是朋友
- 阚泽下降书——兵不厌诈
- 潘金莲熬药——暗地下毒
- 潘金莲上庵堂——假装正经
- 薛仁贵征东——劳而无功
- 霸王别姬——无可奈何
- 阿庆嫂倒茶——滴水不漏
- 伯乐挥鞭——骑马找马
- 草船借箭——坐享其成
- 长坂坡上的赵子龙——单枪匹马
- 东郭先生救狼——好心没好报
- 苻坚望见八公山——草木皆兵
- 韩信点兵——多多益善
- 何仙姑要下凡——六神无主
- 华佗治病——起死回生
- 姜太公在此——诸神退位
- 孔明抚琴退司马——急中生智
- 孔明给周瑜看病——自有妙方
- 老包断案——脸黑心不黑
- 老包铡侄儿——大义灭亲
- 聊斋里的故事——鬼话连篇
- 盘古抡板斧——开天辟地
- 如来佛逮孙悟空——手到擒来
- 仨钱想买吕洞宾——小看神仙
- 孙二娘开店——图财害命
- 孙悟空的金箍棒——能大能小
- 太上老君开处方——灵丹妙药
- 王羲之写字——横竖都好看
- 伍子胥过昭关——一夜愁白了头
- 武松打虎——一举成名

- 西施上磅秤——自称美女
- 愚公的住处——开门见山
- 张飞的胡子——硬茬
- 张果老卖寿星——倚老卖老
- 张驴儿上公堂——恶人先告状
- 赵匡胤穿龙袍——改朝换代
- 织女配牛郎——天作之合

时令类

- 秋天的棉桃——合不拢嘴
- 秋天的扇子——扔一边
- 秋后的芝麻——挨敲打
- 秋后的蚊子——紧叮
- 秋后的蚂蚱——蹦跶不了几天
- 秋后的知了——寒碜（蝉）
- 秋后的辣椒——老辣
- 穿冬衣戴夏帽——不知春秋
- 屋面上的霜——见不了太阳
- 夏天吃凉粉——顺口
- 夏天的雨——一阵子
- 夏天穿皮袄——不是时候

- 高粱种撒麦地——秋后见高低
- 惊蛰后的青蛙——又蹦跶了
- 清明里的韭菜——头茬
- 寅时点兵，卯时上阵——说干就干
- 霜打荷叶——没精打采
- 霜打茄子——蔫了
- 霜打瓜秧——垂头丧气
- 霜后的小葱——软不拉耷
- 霜降后的蚂蚱——蹦跶到头了
- 腊八吃碗米饭——小节
- 年三十杀猪——越多越好
- 正月十五贴门神——晚了
- 腊月的萝卜——动（冻）心了
- 过冬的蚂蚱——直不楞登
- 九月初八问重阳——不久（九）
- 大年三十逮个兔子——有它过年，没它也过年
- 二八月的庄稼——青黄不接
- 冬天的扇子——闲着
- 下雪天走路——一步一个脚印
- 大年夜吃饺子——没外人
- 三伏天的日头——真毒
- 三伏天的庄稼——一天一个样
- 五黄六月下雪——稀罕事
- 六月里戴棉帽——乱套
- 五黄六月借扇子——不识时务
- 正月十五卖门神——过时了
- 霜打的茄子——一阵红一阵紫
- 年三十看日历——没时间了
- 三伏天穿皮袄——里外热
- 三伏天的电扇——忙得团团转

- 初二三的月亮——不明不白
- 三九天开桃花——动（冻）春心了
- 初一夜，盼月亮——落空

劝世类

- 房檐滴水——照窝行
- 丑媳妇怕见公婆——早晚的事
- 关键时掉链子——不分紧忙
- 十八亩地一颗谷——单根独苗
- 扁担插在裤裆里——自己抬自己
- 狗拿老鼠——多管闲事
- 老鼠钻风箱——两头受气
- 鸡蛋里头挑骨头——找茬（碴）
- 癞蛤蟆打哈欠——好大的口气
- 竹签子扎玻璃——尖滑
- 黄鼠狼生娃——一窝不胜一窝

- 磨道里找驴蹄——没事找事
- 干河沟的泥鳅——自身难保
- 山洪冲石子——不滚也得滚
- 羊屎蛋子——一个比一个黑
- 白布掉进染缸——洗不清
- 公鸡头上的肉——大小是官（冠）
- 猪吃秫秫——顺秆子爬
- 放虎归山——后患无穷
- 日落西山——红不过一会儿
- 马戏团的猴——任人耍
- 耍戏法的嘴——没有实话
- 拾个金娃娃想找它妈——太贪心
- 帽子改做鞋垫——一贬到底
- 梦里看牡丹——想得美
- 刚孵出的小鸡——嘴硬腿软
- 马大哈当会计——全是糊涂账
- 盲人开口——瞎说
- 猫不吃鱼——假斯文

地名类

- 珠穆朗玛峰上是球场——平顶山
- 明日复明日——原阳
- 鸡蛋摞起来——南乐（难摞）
- 拾粪老汉打架——尉氏
- 赤日炎炎——焦作
- 珍珠如土金如铁——宝丰
- 小学生得奖——获嘉
- 太阳下山——洛阳
- 鸡蛋的中心——内黄
- 桥断了——漯河
- 柳暗花明又一村——新乡
- 古代的驿站——驻马店
- 打场没有风——南阳
- 挽起裤腿过河——唐河
- 万水千山总是情——博爱
- 人造的草原——新野
- 贸易都市——商城
- 宴席开始——上蔡
- 四面埋伏——偃师
- 屋里开花——内乡
- 春天的萝卜——太康
- 四季开花——长春
- 冰河解冻——开封
- 城门上挂牛梭头——叶县
- 地里的韭菜——长葛
- 三伏天穿棉袄——武汉

生产生活类

- 挑着扁担进城门——直来直去
- 临老学绣花——心巧手不巧
- 咬口生姜喝口醋——一肚子辛酸
- 犁地不打横头——豁出去
- 钝镰刀割麦——拉倒
- 钢丝穿豆腐——没法提
- 扁担挑水——两头挂
- 香椿拌豆腐——清清白白
- 看衣着行事——势利眼
- 看准了下笊篱——捞一把
- 毛毡上拔毛——不显眼
- 保温瓶的塞子——赌（堵）气
- 趁腿搓绳——便当
- 皇上的旨，将军的令——一口说了算
- 盆栽的松树——成不了才（材）
- 破皮的饺子——露馅
- 亭子里聊天——净说风凉话
- 弯刀对住瓢切菜——两不耽误
- 脚盆洗脸——不分上下
- 浑水摸鱼——大小不分
- 剃胡子不用水——干刮
- 剃头的收摊——没头了
- 穿坎肩作揖——露两手
- 染匠下河——摆布
- 扁担挑灯笼——两头明
- 蚕豆开花——黑心

- 莲藕炒粉条——无孔不入
- 荷塘挖藕——一节一节来
- 荷叶当雨伞——撑不起来
- 赶集走亲戚——顺便
- 砸锅卖铁——豁出去了
- 破了葫芦碎了瓢——啥也没捞着
- 捆绑的夫妻——成不了对
- 逮住老虎再烧山——连窝端
- 捋着胡子坐摇篮——装孙子
- 热水瓶不保温——破了胆
- 柴火上倒汽油——火劲大
- 桌子上唱大戏——摆布不开
- 晒裂的葫芦——开窍了
- 鸭子下河滩——呱呱叫
- 鸭子不撒尿——另有门道
- 圆顶蚊帐——没门
- 钻天的鹞子——飞得高
- 铁耙搔痒——是把硬手
- 铁杵舂石臼——硬碰硬
- 铁豆子下锅——油盐不进
- 铁砧上的钉子——挨锤的
- 铁打的罗汉——身板硬
- 铁匠拉风箱——柔能克刚（钢）
- 铁匠铺的东西——打出来的
- 铁匠铺的买卖——都是硬货
- 铁匠改行学弹匠——拈轻怕重
- 铁路警察——各管一段
- 铁锤砸在钢板上——当当响
- 铁公鸡——一毛不拔
- 铁锚落大海——抓着底
- 秤杆挂秤砣——谁也离不开谁
- 秤不离砣，夫不离婆——恩爱
- 秤砣掉水——一落到底

- 爹死娘改嫁——各人顾各人
- 高粱杆儿剥皮——光棍一条
- 烧火的棍子——一头热
- 烟袋的杆子——黑心
- 凉锅贴饼子——溜了
- 浸水的鞭炮——一声不响
- 粉条泡在滚水里——直不起腰
- 粉条汤里下面条——纠缠不清
- 家雀窝里飞凤凰——光彩
- 娘家门上的人——格外亲
- 堵笼子抓鸡——跑不了
- 梳头照镜子——面对面
- 萝卜两头切——首尾不顾
- 热锅里头炒黄豆——欢蹦乱跳
- 黄鼠狼撒尿——骚气
- 老黄狗撒尿——一股一股来
- 黄河里的石头——经过大风浪
- 雪地撵兔子——跟踪追击
- 雪菩萨见太阳——不经一晒
- 排骨炖豆腐——有硬有软
- 救火没有水——干着急
- 推牌九摸大点——一翻两瞪眼
- 得病不吃药——硬熬
- 猫逮老鼠——祖传手艺
- 饭馆的师傅——咸淡都尝
- 清水煮白菜——没味
- 混凝土里的钢筋——暗中使劲
- 盖严的蒸笼——有气难出
- 丰收的葡萄——看得见，数不清
- 下雨天打麦子——难收场
- 煮熟的红枣——虚胖
- 煮熟的鸭子——飞不了

- 煮熟的鸡爪——蜷着
- 厨师的猫——记吃不记打
- 搭棚子卖针——生意不大，架子不小
- 拿夜壶灌酒——真不是家伙
- 搂草打兔子——捎带
- 喝黄河水长大的——见过惊涛骇浪
- 锅里炸油条——翻来覆去
- 稀饭锅里下元宵——混蛋
- 筛子当水桶——漏洞百出
- 温水煨牛肉——慢工夫
- 温室里的庄稼——旱涝保收
- 筷子夹骨头——三根光棍
- 新上套的驴驹子——不老实
- 新修的马路——没辙
- 新讨的媳妇——才当家
- 媳妇生孩子，公公跺脚——有力使不上
- 端着碗找碗——心不在焉
- 辣椒炒豆腐——红白分明
- 敲钟不念经——混饭吃
- 油漆店的货——花样多
- 漂亮姐的耳环——有空可钻
- 醋缸里泡青杏——酸透了
- 掌舵的老板——看风使舵
- 瞌睡遇着枕头——求之不得
- 膝盖上打瞌睡——自己靠自己
- 嘴扛在肩上——到哪吃哪
- 嘴里吞鞋帮——心里有底
- 嘴巴上抹油——油嘴滑舌
- 拉磨驴子断套——空转一遭
- 磨菜刀的说梦话——快了

- 买个蒸馍揣怀里——自己哄自己
- 择菜剥葱——各管一工
- 磨面不使驴——硬推
- 门后的笤帚——上不了客房屋
- 纳鞋不拿锥子——真（针）中
- 老公公背儿媳妇过河——出力不落好
- 脱裤子放屁——多此一举
- 芝麻杆儿喂驴——吃不吃礼到了
- 谷子地里长高粱——高出一截
- 茶壶里煮饺子——肚子里有，倒不出来
- 木匠的斧子——一边砍
- 二齿钉耙锄地——有两下子
- 一剪子剪不断——连襟（筋）
- 竹竿探井——直上直下
- 棒槌拉二弦——粗而糙
- 热油锅里撒盐——乱炸
- 抱着孩子推磨——添人不添力
- 纺花车摆院里——各亮各的本事
- 刮大风吃炒面——张不开嘴
- 下饺子的水——滚开
- 下锅里的面条——硬不起来
- 肚子上放暖水袋——热心肠
- 保姆带孩子——人家的
- 老太太纫针——大眼瞪小眼
- 剃头用铡刀——大玩家
- 丫鬟枕着元宝睡——守财奴
- 芝麻开花——节节高
- 小炉匠的家私——破铜烂铁
- 小寡妇看花轿——干着急
- 开锅的扁食——咕噜翻滚
- 井上的辘轳——来回转圈

- 开弓的箭——不回头
- 山里核桃——砸着吃
- 木耳烧豆腐——黑白分明
- 泥水匠吊线——睁只眼，闭只眼
- 长竹竿进过道——直来直去
- 生痔疮又害眼——两头难受
- 煮熟的鸭子——肉烂嘴还硬
- 卤水点豆腐——一物降一物
- 哑巴吃黄连——有苦难言
- 戴个帽子没有顶——出风头
- 六指抓痒痒——多一道子
- 水多面少——和得稀
- 文火炖蹄筋——慢慢来
- 鸡子拴在门槛上——里外叨食
- 头上长疮，脚底流脓——坏透了
- 瞎子伸指头——值（指）啥哩
- 油炸螃蟹——支棱八叉
- 斧子别腰里——不砍了
- 老太婆的裹脚布——臭长
- 打铁匠拆炉子——散伙（火）
- 叫花子起五更——穷忙
- 叫花子借算盘——穷打算
- 豁嘴吹灯——白费劲
- 瞎子点灯——白费油
- 叫花子搽粉——穷打扮
- 叫花子洗澡——穷干净
- 出锅的螃蟹——红了脸
- 出了嫁的姑娘——有主
- 电灯泡上点烟——其实不然（燃）
- 四两豆腐煮一锅——会（烩）得多
- 生石灰浇雨——熟了

- 白糖拌苦瓜——有苦有甜
- 写字不在行——出格
- 秃子头上抹油——滑头
- 头顶上点灯——高照
- 半天云里点灯——高招（照）
- 老太婆吃柿子——专拣软的捏
- 半夜起来屙屎——等不及
- 反穿皮袄——装羊
- 发面用酵子——是个引子
- 奶妈抱孩子——人家的
- 丝瓜烧豆腐——青青白白
- 朽木当柴烧——冒烟不起火
- 芝麻地里长黄豆——杂种
- 饼子上撒芝麻——点子多
- 老寿星上吊——活够了
- 拉不出屎怨茅房——错怪
- 老奶奶抱孙子——心里美
- 寡妇哭儿——没指望
- 马尾串豆腐——提不起来
- 挂羊头卖狗肉——名不副实
- 夜壶放到桌子上——不知高低
- 雨后送伞——过时了
- 推小车上房坡——一路小坎
- 案板上的擀面杖——光棍一条
- 挖耳勺炒芝麻——油水不大
- 压地的石磙——顺沟爬
- 丢了西瓜捡芝麻——因小失大
- 有枣无枣打一棍——试试看
- 老丈人死了哭爹——随大众
- 胳肢窝生疮——阴毒
- 吃豆腐怕扎牙根——小心过分
- 吃了观音土——塞住心了

- 才过门的媳妇——扭扭捏捏
- 网包兜猪娃——露出蹄爪
- 肉包子打狗——白费东西
- 拔了萝卜窟窿在——有根有据
- 打翻的五味瓶——酸甜苦辣咸都有
- 爷爷棉衣孙子穿——老一套
- 庄稼汉进城——次数不多
- 要饭的摇铃铛——穷得叮当响
- 乞丐的衣服——破绽多
- 乞丐过日子——靠施舍
- 三天打鱼，两天晒网——磨洋工
- 穿新鞋踏臭屎——自惹肮脏
- 好肉上贴膏药——没病找病
- 绣花枕头——外面光
- 麦茬地里磕头——戳眼
- 麦芒堆里钻出来——浑身是刺
- 烂泥路上拉车——越陷越深
- 老牛拉破车——慢慢腾腾
- 豆地里逮蛐子——闻声而来
- 豆芽菜拌粉条——又勾又连
- 豆腐掉进灰窝里——吹打不得
- 豆腐渣儿贴门神——不沾板
- 两口子的账——算不清
- 叫花子拜堂——穷对穷
- 两股道上跑的车——走的不是一条道
- 抢来的媳妇——没感情
- 吹糖人的改行——不想做人
- 针尖扎手心——刺到痛处
- 修碗匠干活——找茬（碴）
- 做梦娶媳妇——净想好事
- 大闺女裁尿布——闲时备下忙时用

- 饭店里卖衣服——有吃有穿
- 快刀切豆腐——两面光
- 快刀切萝卜——干脆
- 刀砍黄鳝——一刀两断
- 灶台上的抹布——什么味都尝
- 冷铁打钉——硬锤
- 砂锅里捣蒜——一锤子买卖
- 老太太没牙啃骨头——舔点味
- 驴子拉磨牛耕田——各干一行
- 死胡同里赶车——好进不好出
- 卖糖人的手艺——连吹带捏
- 卖烧饼的不带干粮——吃货
- 卖膏药的出身——嘴皮行
- 卖了儿子招女婿——胡折腾
- 雨天的房檐水——下流
- 雨天的蘑菇——嫩的
- 雨天的狗尿苔——冒出来
- 雨伞抽了把——没主心骨
- 顶着大风过独木桥——担风险
- 拔萝卜填土——补空
- 拐女嫁瘸郎——谁也不嫌弃谁
- 拍马屁拍在马腿上——挨踢
- 拧紧的瓶盖——嘴严
- 披着大氅偷烟袋——文明人，不办文明事
- 眉毛上掐虱子——有眼色（虱）
- 打破砂锅——问（纹）到底
- 半夜鸡叫——乱了时辰
- 软面包饺子——好捏
- 金盆盛泔水——可惜了材料
- 货郎担出村——不等了
- 蝎子掉进盐罐里——闲（咸）转
- 蝎子掉进磨眼里——折（蜇）磨

- 缎子被面包草——外光里不光
- 狗吃青草——装洋（羊）
- 狗咬要饭的——势利眼
- 狗肉包子——上不了席
- 狗皮袜子——没反正
- 要饭的要瓶醋——穷酸
- 做梦生孙子——盼后
- 米饭锅里煮花生——熟人（仁）
- 河边开茶馆——取之不尽
- 抹油的西瓜——圆滑
- 油炸臭豆腐——闻着臭，吃着香
- 泥瓦匠出身——和稀泥
- 被窝里的腿——没外人
- 坐飞机撒农药——喷得怪高
- 春蚕吐丝——自缠身
- 织布机上的梭子——两头窜
- 玻璃杯沏茶——看到底
- 春天的萝卜——空心
- 仓库搬家——翻了老底
- 腊肉煮挂面——有言（盐）在先
- 菜园的苦瓜——越老心越红
- 草原上跑马——大有奔头
- 乌龟照镜子——鳖形
- 胡子上贴膏药——毛病
- 南瓜秧打头——出岔
- 南瓜秧爬电线杆——高攀
- 草人打鸟——假充能
- 茶馆搬家——另起炉灶
- 要饭的哼小曲——穷快活
- 面袋子改袖子——宽备窄用
- 面汤里煮寿桃——混蛋出尖
- 挡风玻璃当锅盖——明受气

- 拾麦子卖火烧——净赚
- 煤铺里的掌柜——赚黑钱
- 媒婆提亲——净拣好的说
- 麻包里装钉子——露头
- 麻绳上拉电灯——路线错了
- 歪嘴吹喇叭——一股邪（斜）气
- 棉袄改皮袄——越变越好
- 马群的骆驼——高一等
- 麦秆吹火——小气
- 瞎子戴眼镜——装样子
- 外婆得个小儿子——有救（舅）
- 麻袋布绣花——底子差
- 霉烂了的莲藕——坏心眼
- 围着火炉吃西瓜——心里甜，身上暖
- 一根筷子吃藕——专挑眼
- 卖煎饼的赔本——贪（摊）大了
- 麻绳串豆腐——提不起来
- 麻布袋做龙袍——不是这块料
- 韭菜割头——心不死
- 哑巴娶老婆——喜在心上
- 挑水的娶个卖茶的——正相配
- 反贴门神——不对脸
- 俏媳妇戴凤冠——好上加好
- 洗脸盆里的毛巾——让人拧
- 大红布包山楂——里外红
- 丈母娘看女婿——越看越欢喜
- 丈母娘遇亲家母——婆婆妈妈
- 丈母娘疼姑爷——为闺女
- 眼皮上长瘤子——碍眼
- 上庙不烧香——眼里没神
- 上套的猴子——由人玩耍

- 猴子上树——拿手好戏
- 铁树开花——难得
- 丫环拿钥匙——当家不作主
- 闺女穿娘鞋——老样子
- 花盆里栽树——难成材
- 秃子洗脸——没边
- 秃子照镜子——光对光
- 小脚女人的脚趾头——受窝囊
- 猴子戴帽子——充人
- 小狗跟着大狗叫——起哄
- 出笼的小鸟——有去无回
- 笼中的鸟——有翅难飞
- 小鸡配凤凰——想高攀
- 鸡娃叨蛋壳——自找出路
- 鸡啄米——光点头
- 小孩的屁股，醉汉的嘴——没准
- 飞机上跳伞——一落千丈
- 飞过的蚊子知公母——好眼力
- 王八三十，鳖三十——平摊
- 王八吃秤砣——铁了心
- 王八晒盖——好天气
- 王八看绿豆——看对眼了
- 王爷的宅院——层层深入
- 王母娘娘坐月子——养神
- 天塌了用头顶——充硬汉
- 天上的星星——看得见，数不清
- 天亮下雪——明白
- 天文台里的钟表——准时
- 无蜜的蜂窝——空洞
- 木柱子支歪墙——死顶
- 不饿带干粮——有备无患
- 太平间的电扇——吹死人

- 狗守夜，鸡打鸣——各司其职
- 车轱辘断轴——滚了
- 牙跟舌头打架——伤不了和气
- 见了王母娘娘叫大姨——攀高枝
- 见了棺材不落泪——硬心肠人
- 牛身上拔根毛——无伤大体
- 牛角上抹油——又尖又滑
- 牛粪堆上的蘑菇——好看不好吃
- 牛尾巴盖不住屁股——现眼
- 牛皮鼓——声大肚子空
- 手电筒，口朝外——只照别人不照己
- 毛豆烧豆腐——碰上自家人
- 毛驴生骡子——后代强
- 毛驴拉磨——兜圈子
- 长虫吃老鼠——囫囵吞
- 长衫子改夹袄——取长补短
- 化妆店里的买卖——成人之美
- 公鸡不啼母鸡叫——反常
- 风钻进鼓里——吹牛皮
- 风筝断线——摇摇欲坠
- 凤凰头上戴牡丹——美上加美
- 乌龟撵兔子——越赶越远
- 乌龟请客——尽是王八
- 六月天戴棉帽——不识时务
- 六月里做棉衣——早准备
- 火烧日历——没日子了
- 火烧蜂房——乱哄哄
- 火烧蚂蚁窝——四处逃散
- 火烧屁股——坐不住
- 火烧眉毛——急在眼前
- 火炉里浇油——窜得高

- 到火神庙求雨——走错了门
- 水上的油花——轻浮
- 水上的浮萍——根底浅
- 水牛掉进井里——有劲使不上
- 水牛的肚子——草包
- 水仙不开花——装蒜
- 正月十五踩高跷——半截不是人
- 龙门石窟里的佛像——靠山硬
- 打电话找人——动嘴不动腿
- 打鸟人的眼睛——尽往上看
- 叫花子碰上要饭的——穷对穷
- 叫花子接彩球——走运了
- 出门坐飞机——远走高飞
- 出了澡堂进茶馆——里外涮
- 骑摩托车赶路——屁股冒烟
- 白天的猫头鹰——睁眼瞎
- 白墙上洒墨水——污点
- 包脚布当头巾——高升了
- 玉米面做元宵——难搓圆
- 冬天卖醋——寒酸
- 冬天的蟒蛇——有气无力
- 眼睛长在头顶上——目中无人
- 头顶灯笼——自作高明
- 半天云里伸巴掌——高手
- 半天云里骑仙鹤——远走高飞
- 半夜里弹琴——暗中作乐
- 锥子扎皮球——消消气
- 皮笊篱——不漏汤
- 圣人遭雷击——好心不得好报
- 对镜子打躬——自尊自敬
- 圪针里摘瓜——难下手
- 玉米糁掺白面——粗中有细

- 老太太的脸——褶子多
- 老虎藏在山洞——威风不显
- 老虎出山林——逞威风
- 老虎的屁股——摸不得
- 老牛吃嫩草——想美事
- 老和尚的头发——长不了
- 老鸹爪子——黑手
- 老鼠啃砖头——磨牙
- 老鸨子死了粉头——没指望了
- 扫帚顶门——都是岔（叉）
- 过坟地吹口哨——给自己壮胆
- 过河拆桥——不留后路
- 过河的卒——死不回头
- 光棍对光棍——二杆子
- 光光头钻刺蓬——自找苦吃
- 光刮风不下雨——干吹
- 光脚丫踏冰——凉到底
- 光头上的虱子——明摆着
- 光屁股打老虎——不要脸也不要命
- 光屁股系围裙——顾前不顾后
- 吃秦椒烤火——里外发热
- 吃豆腐渣长大的——嘴松
- 吃枣不吐核——囫囵吞
- 吃剩饭长大的——尽出馊主意
- 吃饭不用筷子——下手
- 吃汤圆长大的——尽说圆话
- 吃蜜长大的——不知苦
- 吃奶的孩子——不知忧愁
- 吃了老虎心——胆子大
- 吃了木炭——心黑
- 吃了黄连含着蜜——嘴甜心苦
- 吃了虎豹的心肝——胆大气粗

- 口吞账本——心里有数
- 刚下锅的饺子——有点生
- 刚出山的太阳——红光满面
- 吊在网上的蜘蛛——悬着
- 吊死鬼搽胭脂——死要面子
- 吊死鬼的脸——难看
- 竹筒子脾气——不转弯
- 仰脸婆娘低头汉——难斗
- 行夜路吹口哨——自己壮胆
- 爷见孙，猫见荤——亲
- 袖筒里揣棒槌——直来直去
- 冰雪埋到肚子上——凉半截
- 关门打狗——不留出路
- 米仓的老鼠——不愁吃
- 看戏掉眼泪——替古人担忧
- 老寿星唱小调——老调子
- 坏了的钟表——没准
- 哑巴见面——无话可说
- 抠眼屎弄瞎眼——因小失大
- 扯着胡子打滴溜——嘴上功夫
- 把脸装到裤裆里——见不得人
- 大夫摇头——没希望了
- 财神爷敲门——福从天降
- 沙滩上走路——一步一个脚印
- 没下马先敬酒——有礼在先
- 没有边的草帽——顶好
- 陀螺屁股——坐不稳
- 柜子上没拉手——硬抠
- 松了腰带抬石头——没劲
- 茅坑里的石头——又臭又硬
- 茅坑里的鱼骨头——又臭又腥
- 茅房里铺地毯——臭讲究

- 雨天的癞蛤蟆——叫得欢
- 雨过送伞——虚情假意
- 厕所顶上装烟囱——臭气冲天
- 拆了上房盖门楼——为了排场
- 拨过的油灯——亮堂
- 罗锅背锅——扣得紧
- 狐狸吃刺猬——下不了口
- 狐狸给鸡拜年——不怀好意
- 狗咬狗——两嘴毛
- 狗鼻子里插葱——装相（象）
- 放屁打饱嗝——上下通气
- 府官进县衙——大摇大摆
- 炒韭菜放葱花——白搭
- 河里王八爬上岸——亮亮相
- 珍珠落玉盘——叮当响
- 点灯没有油——白费心（芯）
- 哑巴进庙门——光磕头，少说话
- 哑巴捉驴——闷逮
- 哑巴蚊子——咬死人
- 哈哈镜照人——没正形
- 虼蚤的脸——面子不大
- 蚂蟥的身子——软骨头
- 蚂蚱腿上的疮——没多少脓水
- 热锅上的蚂蚁——团团转
- 蚂蚁尿书本——识（湿）字不多
- 磨道找驴蹄——故意挑剔（蹄）
- 兔子头钻圪针——刺头
- 穿钉鞋走泥路——步步落实
- 穿袈裟作揖——露一手
- 扁担上睡觉——想得宽
- 屋檐下躲雨——不长久
- 眉毛上生虮子——好眼色（虱）

- 架起锅等豆子——准备吵（炒）
- 耗子扛枪——窝里横
- 耗子啃木箱——闲磨牙
- 桐油畚斗——滴水不漏
- 逮只虱子放头上——自作自受
- 挨了刀的肥猪——不怕开水烫
- 鸭子上架——逼出来的
- 拿黄连当茶喝——能吃苦
- 狗咬狼——两头怕
- 旅馆的蚊子——吃客
- 站在十字路口跺脚——四面耍威风
- 站在河边尿尿——随大流
- 高射炮打蚊子——大材小用
- 烟火头掉兜里——烧包
- 酒糟鼻子不喝酒——白担虚名
- 得了伤寒病——忽冷忽热
- 案板上的肉——任人宰割
- 剥光的洋葱——一贫如洗
- 黄土埋到嗓子眼儿——离死不远
- 黄连煮苦胆——苦不堪言
- 黄鼠狼给鸡拜年——没安好心
- 推人下井——害人不浅
- 推小车的扭屁股——身不由己
- 掏钱买黄连——自找苦吃
- 蛇吞老鼠鹰叼蛇——一物降一物
- 野地里烤火——一面热
- 野猪拱红薯——嘴硬
- 猫盖屎——应付
- 猫头鹰抓耗子——办好事，落骂名
- 脸上贴膏药——破相

- 麻脸姑娘掉井里——坑人不浅
- 麻子作报告——群众观点
- 麻子敲门——坑人到家
- 阎王老爷嫁闺女——坐轿抬轿都是鬼
- 属狗的——爱咬人
- 属狐狸的——狡猾
- 属猫头鹰的——夜里欢
- 塌鼻子戴眼镜——没着落
- 桑葚落地——熟透了
- 榆木疙瘩——心实
- 蜈蚣吃蝎子——以毒攻毒
- 腰插笊篱——走到哪捞到哪
- 腿上绑大锣——走到哪响到哪
- 新郎官揭盖头——真相大白
- 满口假牙——吃软不吃硬
- 熬煎娘，哭熬煎——熬煎死了
- 蜻蜓撞上蜘蛛网——有翅难飞
- 蜻蜓飞进蜘蛛网——扑棱不开
- 蝇子见血——走不动
- 鼻烟壶掉粪坑——臭不可闻
- 膀子折了往袖里塞——吃哑巴亏
- 瘦驴拉硬屎——瞎逞能
- 缩起脖子学乌龟——不出头露面
- 瞎子尿尿——不背人
- 瞎子放驴——不敢撒手
- 瞎子打瞌睡——不显眼
- 瞎子跳舞——盲目乐观
- 癞蛤蟆趴脚面上——不咬人，吓人
- 挨打的狗去咬鸡——拿别人出气
- 八十岁的老绝户头——后继无人

- 案板上的黄瓜——等拍
- 案板上的面团——任人欺压
- 八十万人马过独木桥——没完没了
- 八月的石榴——该张嘴了
- 八月十五吃月饼——老规程
- 八月十五坐月子——赶节上了
- 靶场上练瞄准——睁只眼闭只眼
- 《百家姓》去掉赵字——开口就是钱
- 被窝的虼蚤——翻不了天
- 鼻涕流嘴里——各吃各的
- 扁担量布——没分寸
- 财神爷打官司——有钱就有理
- 冰块掉进醋缸——寒酸
- 财神爷戴乌纱——有钱有权
- 苍蝇飞到牛胯上——抱粗腿
- 苍蝇闻见屁——扑个空
- 草帽盖锅——乱扣帽子
- 搽粉进棺材——死要面子
- 朝廷爷剃头——不要王法（发）
- 趁坡下驴——自找台阶
- 秤杆子说话——公平合理
- 吃荆条屙笊篱——现编
- 断柄锄头——没把握
- 穿草鞋打领带——土洋结合
- 窗户上的纸——一捅就破
- 醋缸的圪针——尖酸
- 打灯笼上竹园——找茬
- 打开棺材喊捉贼——冤枉死人
- 打肿脸充胖子——死要面子
- 打着灯笼偷东西——明人不做暗事

- 大姑娘撕尿布——赶早不赶晚
- 大姑娘说媒——先人后己
- 大姑娘上轿——脸哭，心甜
- 大姑娘想婆家——说不出口
- 大肚子上阵——挺身而出
- 大姑娘的脊梁——女流之辈（背）
- 大门口的石狮子——成双成对
- 灯草打老牛——不痛不痒
- 火把换灯笼——明来明去
- 登梯子上树——攀高枝
- 豆芽包扁食——里头有弯
- 端着金碗要饭——死心眼
- 恶人先告状——反咬一口
- 儿媳妇怀孕——装孙子
- 放下担子聊天——歇后语
- 飞机上生孩子——高中生
- 赶车的不拿鞭子——靠拍马屁
- 擀面杖戴牛笼嘴——光棍身子眼子头
- 迎着风倒马桶——臭名远扬
- 圪针窝里逮蚂蚱——下不了手
- 公要馄饨婆要面——左右为难
- 狗撵鸭子——呱呱叫
- 狗掀门帘——全凭一张嘴
- 拐子上场——立场不稳
- 锅盖上的苍蝇——混饭吃
- 和尚戴个道士帽——装迷瞪僧
- 河边插杨柳——落地生根
- 猴子的屁股——自来红
- 狐狸放屁——臊气
- 黄鼠狼和狐狸结亲——臭味相投
- 家里吃饭野地里屙屎——吃里爬外

- 脚底下踩棒槌——立场不稳
- 借钱买衣裳——浑身都是债
- 磕一个头放两个屁——行善没有作恶多
- 嗑瓜子上茅房——入不敷出
- 裤裆里放屁——两岔子
- 拉车拉到路边——使偏劲
- 老汉娶亲——力不从心
- 老鼠掉进面缸里——因祸得福
- 聋子嘴上贴封条——不闻不问
- 罗锅睡磨盘——赶弯就斜
- 蚂蚱配蝗虫——门当户对
- 蜜蜂落在画上——空欢喜
- 南来北往——不是东西
- 宁挨鞭子不挨棒——吃软不吃硬
- 婆媳吵架儿子劝——左右为难
- 敲锣找孩子——丢人打家伙
- 人鬼联姻——生死之交
- 筛子当笼盖——憋不住气
- 师傅当丈人——亲上加亲
- 十冬腊月穿裙子——美丽动（冻）人
- 十字路口的钟表——群众观点
- 老寿星娶小——人老心不老
- 提着灯笼上台阶——越来越高明
- 秃子长个脸面胡——亏处有补
- 兔子的嘴——不严
- 兔子的尾巴——不长
- 西瓜皮当帽子——装滑头
- 瞎子出门——盲目行动
- 瞎子逛大街——目中无人
- 瞎子放牛——不敢松手
- 小庙的神——没见过大香火

- 蝎子战蜈蚣——以毒攻毒
- 新媳妇怀孕——暗喜
- 雪地里埋死尸——瞒不住
- 衙门里的狗——仗势欺人
- 衙门贴封条——有冤无处申
- 哑巴结婚——喜不可言
- 药罐里的大枣——虚胖
- 要饭的拜把子——患难之交
- 早产的孩子——先生
- 灶王爷上天——多言好事
- 木匠戴木枷——自作自受
- 木匠推刨子——直来直去
- 木匠弹线——睁只眼闭只眼
- 木匠钉钉子——硬往里挤
- 木偶上戏台——幕后有人
- 不出芽的谷子——坏种
- 泥瓦匠砌墙——两面三刀
- 少林寺的拳脚——硬功夫
- 中药里的甘草——少不了
- 什么病开什么方——对症下药
- 火车开到马路上——越轨
- 火星子落干柴堆——一点就着
- 孔夫子拜师——不耻下问
- 孔夫子的徒弟——闲（贤）人
- 孔雀的尾巴——翘得高
- 书桌上的笔筒——粗中有细
- 大水冲龙王庙——自家人不认自家人
- 水泥缝里灌沥青——软硬兼施
- 古董店的老鼠——不敢打
- 石匠的钢钎——尽挨锤子
- 石灰倒在煤堆里——混淆黑白

- 石灰窑里装电灯——明明白白
- 石灰浆写字——尽是白字
- 石狮子的屁股——没门
- 打兔子打只黄羊——捞个大外快
- 打铁匠的砧子——自身过硬
- 打火机点旱烟——土洋结合
- 打灯笼做事——照办
- 出窑的砖——定型
- 吹号又打鼓——自吹自擂
- 皮作坊的老板——吹牛大王
- 寺里的木鱼——任人敲打
- 老旦唱小生——不像样
- 早晨的露珠——见不得阳光
- 网包抬猪——露了蹄爪
- 同窑烧的砖瓦——一路货色
- 行医带卖棺材——死活都要钱
- 杀猪捅屁股——各有各的杀法
- 冲天放铳——直筒子
- 戏台上的夫妻——有名无实
- 戏台上送诏书——假传圣旨
- 观音菩萨下凡——救苦救难
- 巫婆子跳神——故弄玄虚
- 听故事带纳鞋底——一举两得
- 园林的把式——移花接木
- 秀才当兵——能文能武
- 举子看皇榜——又惊又喜
- 肚子里长瘤子——心腹之患
- 打出去的子弹——不会拐弯
- 画匠不给神磕头——知道底细
- 卖膏药出身——耍嘴皮子
- 枣核解锹板——没两句（锯）
- 顶花的黄瓜——嫩着哩

- 罗汉的肚子——草包
- 和尚摸头——没法（发）
- 货郎鼓别腰里——没货了
- 铁笼的老虎——有劲使不上
- 唱戏的教徒弟——幕后指点
- 睁眼瞎看报纸——假装斯文
- 道士遭雷劈——作法自毙
- 画里的蚂蚱——蹦跶不起来
- 按方抓药——照办
- 不听曲子听说书——说的比唱的好听
- 布袋里买猫——不知底细
- 唱戏的腿抽筋——下不了台
- 地里的庄稼——土生土长
- 地图上摆阵势——纸上谈兵
- 叫花子唱戏——穷开心
- 进学堂不带书——忘本
- 九寸加一寸——得寸进尺
- 救火踢翻油桶——火上浇油
- 拉弦子打喷嚏——弦外之音
- 篾匠卖货——自己编的
- 木匠的刨子——专管不平事
- 牛嘴上戴笼嘴——有口难张
- 屠夫看账本——血债累累
- 玩猴的掉了锣——耍不起来
- 五月的麦子——黄了
- 五月的桃花——谢了
- 戏台上父子——没大没小
- 消防员上阵——浇凉水
- 眼镜店的买卖——各对各眼
- 砖窑场里盖楼——就地取材
- 自由市场的买卖——讨价还价

- 八月的葫芦——该下架了
- 龙王长了偏心眼——旱涝不均
- 柿树上结软枣——小事（柿）
- 红萝卜没缨——光棍一条
- 山里核桃——不砸不出人（仁）
- 带壳核桃锅里炒——油盐不进
- 惊蛰后的蛇——活跃起来
- 打罢春的萝卜——心里空
- 夫妻俩种甘蔗——甜蜜的事业
- 五月初四包粽子——扎扎实实
- 太阳落山月亮出来——相传不断
- 中秋又遇闰八月——团圆再团圆
- 春天的大雁——头朝北
- 春天的榆树——有余（榆）钱
- 秋天的云——变化多端
- 秋天的柿子——老来红
- 秋天的谷穗——弯腰点头
- 哑巴捉贼——动手不动口
- 咧嘴的石榴——合不拢
- 哈巴狗撵老虎——不自量力
- 哈巴狗掉茅坑——美餐一顿
- 哈巴狗上粪堆——充大王
- 咬钩的王八——伸直了脖
- 蚂蚱遇着鸡——活到头了
- 蚂蚁拖蝗虫——齐心协力
- 蚂蚁出洞——找吃的
- 灰堆里打喷嚏——往脸抹黑
- 看戏的挑媳妇——一头满意
- 疤上生疮——根底坏
- 炸了窝的马蜂——乱哄哄
- 烂木头刻戳——不是那块料
- 泥菩萨洗脸——干净不了

- 泥做的菩萨——靠贴金
- 洋鬼子看戏——傻眼
- 穿没底的鞋——脚踏实地
- 染坊里的搅杠——好色光棍
- 祖坟上插烟卷——缺德带冒烟
- 神婆子念咒——瞎叨叨
- 屋里打拳——门里出身
- 屋脊上贴告示——天知道
- 屎壳郎戴花翎——冒充清官
- 屎壳郎碰着拉稀的——白跑一趟
- 屎壳郎打喷嚏——满嘴喷粪
- 屎壳郎推球——滚蛋
- 珠穆朗玛峰上点灯——高明
- 耗子的眼——见识短
- 核桃里的肉——不敲不出来
- 荷叶包螃蟹——露了爪
- 麦秸火脾气——一点就着
- 监狱门口的匾——后悔迟
- 贼跑了才关门——晚了
- 秫秫杆支大梁——顶不住
- 秫秫杆当椽子——担当不起
- 拿芦苇当扁担——挑不起
- 把锡当银子——不识货
- 抓住荷叶摸到藕——抓根本
- 把麦苗当韭菜——不是庄稼人
- 拿着鞭杆当笛吹——没心眼
- 拿凤凰当鸡卖——贵贱不分
- 脊梁上挂镜子——只照别人
- 脊梁上压石板——翻不了身
- 狼看羊——越看越少
- 狼借猪娃——还不了
- 饿狼逮兔子——抓住不放

- 脑袋上刷浆糊——糊涂到顶
- 脑门上扇扇子——出风头
- 站在黄河对岸握手——勾搭不上
- 高山顶上放鹞子——起点高
- 高粱杆子点火——顺杆子上
- 病床上摘牡丹——临死还贪花
- 烧香不磕头——心意未尽
- 烧香烧到佛屁股——行好没落好
- 剥了皮的熟鸡蛋——白白净净
- 萤火虫打架——明对明
- 黄牛头上的角——不长
- 黄鼠狼单咬病鸭子——软的好欺
- 梦里拾元宝——瞎喜欢
- 聋子的耳朵——摆设
- 掉底的粪桶——臭架子
- 掉底的茶壶——有嘴无心
- 唱戏的胡子——活的
- 唱戏的打转——走过场
- 眼药水喝肚里——走眼了
- 夜猫子进宅——无事不来
- 铜板做眼镜——睁眼就是钱
- 用铡刀割麦——揽得宽
- 银线穿金针——两相配
- 笨媳妇纳鞋底——凹凸不平
- 笼里的鹦哥——成天耍嘴
- 笤帚疙瘩戴帽——假充人
- 做梦拿大印——官迷心窍
- 做麻花的——专扭劲
- 偷来的喇叭——吹不得
- 偷来的锣鼓——打不得
- 船到桥头——不顺也得顺
- 猪血煮豆腐——黑白分明

- 猪油蒙了心——一时（世）糊涂
- 脚踩西瓜皮——溜得快
- 脚底下踩圪针——担心
- 脸盆里扎猛子——不知深浅
- 脸盆里的泥鳅——滑不到哪去
- 望乡台上吹口哨——不知死的鬼
- 望乡台上摘牡丹——做鬼也风流
- 麻雀落到糠堆上——瞎喜欢
- 麻雀的肚子——小心肝
- 麻脸婆娘照镜子——自找难看
- 麻脸姑娘相亲——不露脸
- 骑洋车过独木桥——玩玄的
- 骑驴拄拐杖——多此一举
- 山羊打架——头碰头
- 绵羊的尾巴——油水大
- 斑鸠下蛋——一对儿
- 斑鸠翻跟头——卖弄花屁股
- 博物馆的陈列品——老古董
- 棒槌打锣——响当当
- 棋盘里的老将——出不了格
- 棉线系毛驴——不牢靠
- 散了棵的白菜——没有心
- 朝天铳走火——放空炮
- 朝天辣椒——又尖又辣
- 葫芦搭上西瓜秧——扯不清
- 马蜂的窝——心眼多
- 葫芦蜂作窝——攀高枝
- 葛花条上树——慢慢缠
- 落花遍地——多谢
- 掉井的鸡娃——扑棱不开
- 喜鹊的尾巴——翘着
- 抓住蒺藜不丢——不怕扎手

- 吹喇叭仰脖子——起高调
- 吹喇叭赶马——连吹带拍
- 搭梯子摘月亮——不知高低
- 帽子烂了边——顶好
- 蛤蟆看王八——大眼瞪小眼
- 摔个跟头拾个元宝——歪打正着
- 跛子赶路——快不了
- 孙子卖他爷的地——不心疼
- 铺板写字号——招牌不小
- 锅里扔石头——砸啦
- 窝里的贼——难防
- 强盗披袈裟——假装善人
- 属老虎的——好耍威风
- 属猪的——吃饱就睡
- 属喜鹊的——好攀高枝
- 属木匠的——会砍
- 属核桃的——吃硬不吃软
- 属公鸡的——光叫不下蛋
- 属哈巴狗的——摇头摆尾
- 属算盘珠子的——不拨不动
- 属夜猫子的——天黑了有精神
- 属骡子的——空前绝后
- 蒸笼的盖子——受气篓
- 蜡烛的脾气——不点不亮
- 鼻梁上架望远镜——目光远大
- 演员谢幕——该下台了
- 横着扁担走路——霸道
- 槽头牵马——稳拿
- 橡皮脑袋——过不了电
- 醉汉耍酒疯——胡言乱语
- 鞋底抹油——溜了
- 瞎猫碰上死老鼠——凑巧

- 蝴蝶进花园——难舍难离
- 蝎子的尾巴——碰不得
- 蝌蚪撵鸭子——找死
- 蝌蚪的尾巴——寿命不长
- 熟透的桑葚——红得发紫
- 熟透了的石榴——咧着嘴
- 糊涂油蒙心——不明事理
- 额头上刻王字——成不了虎
- 燕子投水——一点而过
- 燕子做窝——嘴巴辛苦
- 燕子的尾巴——两叉
- 土地爷装篮里——提神
- 篱笆下的喇叭花——往上巴结
- 懒驴上道——不拉就尿
- 篾匠的徒弟——会编
- 豁牙啃萝卜——有道道
- 豁牙吹火——跑气
- 翻过来的石榴皮——点子多
- 罐子里捣蒜——一锤子买卖
- 罐子里投骰子——没跑的
- 大闺女上轿——头一回
- 丈二和尚——摸不着头脑
- 三眼铳打兔子——没准
- 皂角籽掷骰子——没点
- 鸡群里钻只鹅——属你脖子长
- 过河拆桥——太绝情
- 蝎子放屁——毒气
- 隔着门缝看人——把人看扁了
- 大海捞针——枉费工夫
- 床底下放风筝——不见起
- 外甥媳妇吊孝——哭得不痛，想得周到

◆ 山羊爬坡——步步高
◆ 二百五拾柴火——啥也不啥
◆ 黄柏树下弹琴——苦中作乐
◆ 四两棉花——谈（弹）不成
◆ 老鼠和猫做生意——要钱不要命
◆ 屎壳郎卧马路——硬充黑轿车
◆ 飞机上挂茶瓶——水平（瓶）高
◆ 秃子打伞——无法（发）无天
◆ 大姑娘买摇篮——闲时置下，忙时用
◆ 十五个水桶打水——七上八下
◆ 又娶媳妇又嫁女——双喜临门
◆ 水中捞月——一场空
◆ 石板上的青苔——长不了
◆ 马路上的电线杆——靠边站
◆ 大白天打灯笼——白找（照）
◆ 小树不修枝——出杈
◆ 小脚女人赶路——东摇西摆
◆ 飞机的尾巴——翘到天上了
◆ 上膛的子弹——一触即发
◆ 土地爷住深山——没香火
◆ 大汉子甩鸡毛——有劲使不上
◆ 猴子捞月亮——瞎忙乎
◆ 小钥匙开大锁——对不了号
◆ 按住葫芦起了瓢——顾了这头，顾不了那头
◆ 泥鳅跳龙门——妄想成龙
◆ 小母鸡下蛋——红着脸
◆ 死胡同走到头——此路不通
◆ 马铁掌踩石头——硬对硬
◆ 扫帚疙瘩戴帽——假人
◆ 过年娶媳妇——双喜临门
◆ 老太婆吃灶糖——越扯越长
◆ 老鼠给猫拜年——送货上门

- 兔子的眼睛——红人（仁）
- 手上的老茧——磨炼出来的
- 麦筛子——窟窿多
- 灶台上的抹布——专门揩油
- 气球上天——吹起来的
- 赤肚子扎个武装带——土（piā）气官
- 屎壳郎插鸡毛——装鸟
- 屎壳郎戴笼头——充大牲口
- 风吹墙头草——吹哪倒哪
- 沟里拾柴——恼（挠）上来
- 歪嘴骡子卖个驴价钱——吃了嘴的亏
- 哈巴狗咬月亮——不知天有多高
- 双黄鸡蛋——两个心
- 水上的葫芦——不沉
- 水牛的肚子——草包
- 玉米开花——到顶了
- 剥皮的石榴——尽是籽
- 心字头上一把刀——忍
- 汽车的拖斗——老落后
- 澡堂子的鞋——没对
- 镜子里的烧饼——不能充饥
- 敲山震虎——瞎咋呼
- 路边的小草——任人踩
- 白眼狼戴眼镜——冒充好人
- 蜗牛的房子——走哪背哪
- 蜗牛盖房子——自己招护自己
- 雷声大雨点小——有名（鸣）无实
- 外甥找到姥姥家——有救（舅）
- 孙女穿她奶奶的鞋——老样子
- 属乌龟的——缩头缩脚

- 屎壳郎搬家——走到哪臭到哪
- 墙上挂帘子——没门
- 跳到黄河洗不清——太冤枉
- 半斤对八两——谁也不吃亏
- 半空里的气球——悬着
- 皮球搽油——圆滑
- 皮球上扎刀——泄气
- 对着王八骂乌龟——正对号
- 秀才遇到兵——有理讲不通
- 对着镜子扮鬼脸——丑化自己
- 热锅上的蚂蚁——急得团团转
- 地里的蚯蚓——成不了龙
- 猴子戴帽——装人
- 机关枪打飞机——水平提高
- 老式窗户——框框多
- 虎口里拔牙——胆子不小
- 刺猬下坡——一骨碌
- 兔子不吃窝边草——留情（青）
- 龙王跳海——回老家
- 老太太的金莲——委屈一辈子
- 蛇钻竹筒——直来直去
- 驴拉磨——原地转
- 蚂蚁不咬蟋蟀——垄里人
- 案板顶门——揽得宽
- 老黄牛的犄角——朝里弯
- 十亩地里一棵苗——独生
- 板上钉钉——稳扎稳打
- 牛闯瓷器店——破的破，烂的烂
- 老鼠进面缸——好进难出
- 老鼠进书柜——吃老本
- 牛鼻子上吊个环——让人牵着走
- 老鼠掉铁桶里——无缝可钻

- 老鼠进粮库——吃住不愁
- 踩着梯子上天——难上加难
- 猪吃酒糟——酒足饭饱
- 西北风刮蒺藜——连讽（风）带刺
- 西瓜秧上结冬瓜——变种
- 唱戏的骑马——不行（步行）
- 肩上扛灯草——轻松
- 爬梯子上墙——步步高升
- 画蛇添足——多此一举
- 井底之蛙——目光短浅
- 纸糊的老虎——一戳就穿
- 舌头舔鼻尖——高攀不上
- 打肿脸充胖子——冒充富相
- 大海的水——随便取
- 翻身的王八——四脚朝天
- 向日葵的头——跟着日头转
- 行夜路吹口哨——自己壮胆
- 后娘打孩子——不心疼
- 擀面杖当笛——没眼
- 海底捞月，天上摘星——想得到，办不到
- 鸡蛋里找骨头——百般挑剔
- 杀鸡取蛋——不计后果
- 鸡飞蛋打——两落空
- 老和尚敲钟——过一天是一天
- 鸡毛掸子——尽招灰
- 蚂蚁啃骨头——慢慢来
- 高粱秆挑大梁——招架不住
- 闯公堂打官司——鸣冤
- 灯心草当琴弦——不值一谈（弹）
- 拍拍屁股走人——不管了
- 七寸脚穿三寸鞋——硬装

- 骑驴拄拐杖——美一会儿是一会儿
- 灯笼壳子——架子大
- 江西人的朋友——老表
- 雪中送炭——急人所急
- 羊圈里的驴子——高一截子
- 羊皮褂子——反正都是理（里）
- 你念经，我拜佛——互相不干扰
- 太岁头上的地——不敢动
- 太阳底下的露水——不长久
- 贪嘴的鱼——易上钩
- 昙花开放——一会儿
- 小米汤洗头——糊涂到顶
- 水沟的泥鳅——翻不了大浪
- 小河沟里翻船——粗心大意
- 水沟里的狗尿苔——见不了太阳
- 好经念给聋施主——白费口舌
- 星星跟着月亮走——沾光
- 戏台上拜堂——假夫妻
- 红蓝铅笔——两条心
- 宰相肚里能撑船——度（肚）量大
- 老寿星的棉被——老套子
- 老寿星弹琵琶——老调重弹
- 吞钩的鱼——嘴馋上当
- 进屋跳窗户——没门
- 从门缝里看大街——眼光不宽
- 纸里包火——藏不住
- 一把钥匙开一把锁——配就的
- 拿着鸡毛当令箭——小事大办
- 老母鸡下蛋——尽力量
- 杨柳的屁股——坐下就扎根
- 豆腐嘴刀子心——嘴软心狠

- 苍蝇洗脸——假干净
- 走路查脚印——尽是回头看
- 泄了气的球——瘪了
- 赤兜子戴领带——穷要好看
- 两横加一竖——干
- 扳倒树逮老鸹——拣有把握的
- 旱天的井——水平低
- 针鼻里看人——小看人
- 秃子当和尚——天生的料
- 秃子的头发——稀稀拉拉
- 近视眼逮蚰子——瞎扑腾
- 飞机上放屁——臭上了天
- 坐轿子睡觉——不识抬举
- 肚子里行船——大人大度（肚）
- 喉头上生疔疮——有疼不敢说
- 沙漠里的鸵鸟——顾头不顾尾
- 汽车上的喇叭——不是吹的
- 没王的蜜蜂——乱了
- 屁股上画眉毛——面子大
- 青蛙唱歌——叫呱呱
- 板凳上撒蒺藜——坐不住
- 板凳上睡觉——好梦不长
- 枣木疙瘩——不开窍
- 拉琴的丢唱本——没谱
- 轮胎上的气门芯——内外受气
- 没有穿鞋的和尚——两头光
- 和尚的袈裟——拼凑的
- 金鱼的尾巴——摇摆不定
- 牵牛进贡——献丑
- 受潮的火柴——有火发不出
- 嘴里冒烟——说着了
- 狐狸的尾巴——藏不住

- 狗咬尿泡——瞎喜欢
- 狗走路尿尿——留后路
- 狗屎上的苍蝇——瞎哄哄
- 肥皂沫上天——一吹就破
- 裤裆里插拐棍——捣蛋
- 夜蝙蝠睡觉——大头朝下
- 变戏法的拿块布——掩盖真相
- 动物园里比个高——像（象）老大
- 飞机上跳伞——吓（下）人哩
- 空中踩钢丝——软功夫
- 空手进衙门——输定了
- 房檐上的冰凌条——根在上头
- 房顶上扒窟窿——不是门
- 陕西的驴——大个儿
- 驾辕的牲口——出大力
- 玻璃上抹油——光滑
- 蚂蚁爬到黄连上——自找苦吃
- 走路查脚步——不论理（里）
- 城墙上点烽火——告急
- 树枝上挂布袋——装疯（风）
- 牵牛花上树——顺杆子爬
- 歪嘴和尚——没正经
- 歪脖子看表——观点不正
- 歪脖子看戏——斜眼瞧人
- 围棋盘里下象棋——不对路数
- 狗头上长角——装羊
- 王七的弟弟——王八
- 眉毛上失火——红了眼
- 刀尖上走路——玄乎
- 老鼠钻进糠圈里——空欢喜
- 麻雀搬家——叽叽喳喳

- 老九的弟弟——老实（十）
- 猫不吃死老鼠——装斯文
- 蜗牛赛跑——慢慢爬
- 棉花堆着火——没救
- 围着叫花子逗乐——拿穷人开心
- 盲人骑瞎驴——乱闯
- 门头上挂席子——不像话（画）
- 蜗牛壳里睡觉——难翻身
- 满口黄连——说不完的苦
- 歪嘴和尚吹灯——邪（斜）气
- 歪嘴当骑兵——马上丢丑
- 棉花耳朵——经不起吹
- 梦里吃蜜糖——想得甜
- 吃了秤杆—— 一肚子心眼
- 老鼠看仓—— 看个精光
- 杀猪杀尾巴—— 一人一个杀法
- 芝麻开花——节节高

三／俗语

A

- 爱情不是强扭的，幸福不是天赐的。
- 挨鞭的是慢牛，出力的是快牛。
- 按下葫芦浮起瓢。

B

- 八成熟，十成收；十成熟，二成丢。
- 八月生梨赛利刀。
- 八字没一撇。
- 八九不离十。
- 八月羊，挨刀杀，腊月羊，守空房。
- 八竿子打不着。
- 把自己卖了，还给人家数钱。
- 拔出萝卜带出泥。
- 拔根汗毛比腰粗。
- 拔倒大树有柴烧。
- 拔个萝卜地皮儿松。
- 扒东墙，补西墙，到头还是打饥荒。
- 巴掌捂不住天，大水漫不了船。
- 白披一张人皮。
- 百米不成饭，单丝不成线。
- 百闻不如一见，百见不如一试。
- 半大小子，气死老子。
- 半路杀出个程咬金。
- 半斤对八两。
- 搬起石头砸自己的脚。
- 办酒席容易请客难。
- 饱了肉也黏，饿了糠也甜。

- 饱不剃头，饥不洗澡。
- 包子好吃，不在褶子上。
- 褒贬是买家，喝彩是闲人。
- 宝剑不磨要生锈，人不学习要落后。
- 表壮不如里壮。
- 北斗勺子把向南，就要过新年。
- 蹦得高，摔得惨。
- 鼻子底下是大路。
- 鼻子底下长着嘴。
- 比虎画猫，照葫芦画瓢。
- 鞭打快牛。
- 别把土地爷不当神仙。
- 兵随将令草随风。
- 兵败如山倒。
- 兵熊熊一个，将熊熊一窝。
- 病像木材板，你硬它就软。
- 病来如山倒，病去如抽丝。
- 薄处先通，细处先断。
- 不管三七二十一。
- 不可不信，不可全信。
- 不鸣则已，一鸣惊人。
- 不怕人老，就怕心老。
- 不打无把握之仗。
- 不到黄河心不死。
- 不见兔子不撒鹰。
- 不见真佛不烧香。
- 不进山门不受戒。
- 不比不知道，一比吓一跳。
- 不吃黄连，不知啥叫苦。
- 不会装会，一辈子受罪。
- 不吃饭则饥，不读书则愚。
- 不看僧面看佛面。

◆ 不知马王爷长几只眼。

（比喻人没有受到应有的教训，就不知道对方的厉害。）

◆ 不求有功，但求无过。

◆ 不孝有三，无后为大。

◆ 不是鱼死，就是网破。

◆ 不听老人言，吃亏在眼前。

◆ 不管黑猫白猫，捉住老鼠就是好猫。

◆ 不入虎穴，焉得虎子。

◆ 不食人间烟火。

◆ 不是省油的灯。

◆ 不费吹灰之力。

◆ 不分青红皂白。

◆ 不怕没好事，就怕没好人。

◆ 不怕人不敬，就怕己不正。

◆ 不怕一万，就怕万一。

◆ 不求同日生，只愿同日死。

◆ 不知道哪头炕热。

◆ 不撞南墙不回头。

◆ 不知哪块云彩下雨。

◆ 不怕学不成，只怕心不诚。

◆ 不怕家里穷，只怕出懒虫。

◆ 不可同日而语。

◆ 不到长城非好汉。

◆ 不说不知道，一说吓一跳。

◆ 不经一事，不长一智。

◆ 不经灾祸不知福。

◆ 不看家中妻，但看身上衣。

◆ 不能在一棵树上吊死。

◆ 不怕不识货，就怕货比货。

◆ 不显山，不露水。

◆ 不是冤家不聚头。

◆ 不怕贼偷，就怕贼惦记。

- 不摸锅底手不黑，不拿油瓶手不腻。
- 不说话，没人把你当哑巴卖了。
- 不养儿不知父母恩。
- 不是一家人，不进一家门。
- 不笑补，不笑破，只笑日子不会过。
- 不见棺材不落泪，不到黄河不死心。
- 不闻大粪臭，哪知五谷香。
- 不贪便宜不上当。
- 不服教师挨瞎打。
- 不织网的蜘蛛捉不到虫。
- 不怕千里远，只怕隔层板。
- 不到火候不揭锅。
- 不怕慢，就怕站。
- 不怕笨，就怕混。
- 不担三分险，难练一身胆。
- 不义之财不可得。
- 不怕路长，只怕志短。
- 不怕百事不利，就怕灰心丧气。
- 不沾烟和酒，活到九十九。
- 不听老人言，到老不周全。
- 不可取笑别人，留神自己出丑。
- 不经一师，不长一艺。

C

- 此地无银三百两。
- 此时无声胜有声。
- 此一时，彼一时。
- 慈不掌兵，义不掌财。
- 粗饭养人，粗活益身。

- 粗布衣裳家常饭，吃不俗，穿不烂。
- 错打错处来。
- 操心多了老得快。
- 菜能吃，糠能吃，气不能吃。
- 草无心不发芽，人无心不发达。
- 草再好也有瘦牛。
- 槽里无食猪拱猪，分赃不均狗咬狗。
- 槽里吃食，圈里蹭痒。
- 存住气不少打粮食。
- 存有实在货，不用嘴吆喝。
- 寸金丢了还好找，光阴逝去无处寻。
- 村帮村，邻帮邻。
- 从小没娘，说起话长。
- 从刀尖上爬过来的。
- 苍蝇不叮无缝的蛋。
- 疮大疮小，出头就好。
- 聪明反被聪明误。
- 聪明一世，糊涂一时。
- 聪明的脑袋不长毛。
- 葱辣鼻子蒜辣心，芥末专辣鼻梁筋。
- 茶满欺人，酒满敬人。
- 吃饭想撑死，干活怕累死。
- 吃力不讨好。
- 吃稠不喝汤，瘦成老干帮。
- 吃人酒饭，为人抬担;得人钱财，为人消灾。
- 吃了豹子胆，敢在太岁头上动土。
- 吃苦在前，享受在后。
- 吃菜吃心，听话听音。
- 吃着碗里，看着锅里。

- 吃不了，兜着走。
- 吃一堑，长一智。
- 吃一次亏，学一次刁。
- 吃别人嚼过的馍不香。
- 吃不穷，穿不穷，打算不到就受穷。
- 吃水不忘挖井人。
- 吃了熊心豹子胆。
- 吃人不吐骨头。
- 吃人家饭，受人家管。
- 吃个哑巴亏。
- 吃饭少说话，酒醉不骑马。
- 吃饭不忘种田人。
- 吃亏人常在。
- 吃得苦中苦，方为人上人。
- 吃柿子，拣软的捏。
- 吃豆也要等到豆烂。
- 吃饭不知道饥饱，睡觉不知道颠倒。
- 吃得多，烂嘴角。
- 吃小亏占大便宜。
- 吃亏在于不老实。
- 吃饭吃饱，干活干了。
- 痴心父母天下多，孝顺子女谁见过？
- 痴情女子负心汉。
- 赤脚的不怕穿鞋的。
- 尺有所短，寸有所长。
- 迟干不如早干，蛮干不如巧干。
- 出水才见两脚泥。
- 出门看天色，炒菜看火候。
- 出头椽子先糟。
- 出家人不说在家话。

- 出门要盘缠，生意要盘算。
- 出门不弯腰，回家没柴烧。
- 处处留心皆学问。
- 锄上有水也有火。
- 拆东墙，补西墙。
- 揣着明白装糊涂。
- 炒豆众人吃，炸锅一人事。
- 炒豆发不了芽。
- 吹牛，不纳税。
- 丑媳妇，巧舌头，句句话儿有来头。
- 丑女多作怪。
- 丑病不背医。
- 丑话说在前头。
- 臭鱼烂虾，害命冤家。
- 臭屁不响，响屁不臭。
- 仇人相见，分外眼红。
- 馋咬舌头瘦咬腮。
- 馋猫闻着狗屎香。
- 船到码头车到站。
- 船家的孩子会凫水。
- 船到岸，不要乱。
- 船破还有三千钉。
- 穿新鞋，走老路。
- 陈芝麻烂谷子。
- 春困秋乏夏打盹。
- 春雨贵如油。
- 春天不忙，秋后无粮。
- 春分秋分，日夜平分。
- 春分有雨病人稀。
- 长痛不如短痛。
- 长添灯草满添油。

- 长话不如短说。
- 常在河边走，哪有不湿鞋。
- 常骂不惊，常打不怕。
- 常病无孝子，家败出毛猴。
- 常说口里顺，常做手不笨。
- 唱戏的是疯子，看戏的是憨子。
- 床不离七，棺不离八，桌不离九。
- 窗户纸一点就破。
- 秤杆不离秤砣，老头不离老婆。
- 撑死胆大的，饿死胆小的。
- 撑的撑死，饿的饿死。
- 成事不足，败事有余。
- 成者王侯，败者贼。
- 诚实做人，踏实做事。
- 重打鼓，另开张。
- 逞英豪，义中取财真君子。

D

- 大海里捞针。
- 大白天说梦话。
- 大难不死，必有后福。
- 大家小姐，嘴巧手拙。
- 大眼瞪小眼。
- 大门不出，二门不迈。
- 大事化小，小事化了。
- 大丈夫能屈能伸。
- 大树底下好乘凉。
- 大意失荆州。
- 大丈夫行不更名，坐不改姓。
- 大小是个官儿，强似卖水烟儿。
- 大头大脑，长大吃好。
- 大懒支小懒，小懒白瞪眼。

- 大家的马儿大家骑。
- 大河有水小河满，大河无水小河干。
- 大恩不言谢。
- 大吵三六九，小吵天天有。
- 大欺小不公道，大帮小呱呱叫。
- 大粪长瓜，鸡粪长辣（椒）。
- 大官儿好见，小鬼儿难缠。
- 大哥别说二哥，杂面不说窝窝。
- 大年三十洗个澡，一年到头身体好。
- 大人不记小人过，宰相肚里能撑船。
- 大人莫把小人怪。
- 打锣卖糖，各管各行。
- 打不着狐狸惹身骚。
- 打不着野狼打家狗。
- 打倒不如说倒。
- 打掉门牙往肚里咽。
- 打虎不成，反被虎伤。
- 打开窗户说亮话。
- 打如意算盘。
- 打铁还需自身硬。
- 打瞎子，骂哑巴。
- 打着灯笼都难找。
- 打了骡子惊了马。
- 打了一冬柴，煮顿腊八粥。
- 打人不打脸，骂人不揭短。
- 打一巴掌，给个甜枣儿。
- 打虎亲兄弟，上阵父子兵。
- 打死和尚要和尚。
  （指强迫人做事。）
- 打骡子惊马瞎张扬。
- 打狗还看主家面。

- 打一个比方劝一个人。
- 打是亲，骂是爱，不打不骂是祸害。
- 打肿脸充胖子。
- 打死人偿命，哄死人不偿命。
- 打碗说碗，打盆说盆。
- 打骂孩子有百害，溺爱孩子无一利。
- 单门独户，养不起老鼠；三家一凑，买一头犍牛。
- 当真不当假，瞒上不瞒下。
- 当差不自由，自由不当差。
- 当面教子，背后教妻。
- 当面是人，背后是鬼。
- 当断不断，必受其乱。
- 当面鼓，对面锣。
- 当面银子对面钱。
- 当局者迷，旁观者清。
- 当大驴，驮大载。
- 刀快不怕脖子粗。
- 刀斩不断水，酒浇不断愁。
- 刀子嘴，豆腐心。
- 刀斧不开刃，费死能人劲。
- 刀伤好治，口伤难医。
- 到了山里砍柴，到了河边脱鞋。
- 得了便宜卖乖。
- 得忍则忍，得饶则饶，不忍不饶，事情不了。
- 得势一条龙，失势一条虫。
- 得罪一个人堵道墙，维持一个人开条路。
- 得理不让人，无理赖三分。
- 得人一寸，还人一尺。
- 得人一口，还人一斗。

- 得中原者得天下。
- 得饶人处且饶人。
- 得意不可忘形，胆大不可包天。
- 灯不亮，要人拨；事不明，要人说。
- 登山看虎斗，坐船看水源。
- 蹬鼻子上脸。
- 瞪着两眼说瞎话。
- 滴水之恩，当涌泉相报。
- 地上走哩兔子狗肉；天上飞哩布鸽鹌鹑。
- 地在人种，事在人为。
- 低头不见抬头见。
- 弟兄不和邻里欺，将相不和邻国欺。
- 笛要吹在眼上，话要说在点上。
- 底肥不足苗不长，追肥不足苗不旺。
- 点蜡烛不知油价。
- 爹死娘嫁人，各人顾各人。
- 丁是丁，卯是卯。
- 丢下嘴里的肉，去等河里的鱼。
- 丢了东西有处找，丢失光阴无处寻。
- 断粮不卖磨，断灶不卖锅。
- 冬练三九，夏练三伏。
- 冬至十天阳历年（元旦）。
- 东一榔头，西一棒子。
- 东家长，西家短。
- 东方不亮西方亮，黑了南方有北方。
- 冻闲人，饿懒人。
- 东扯葫芦西扯瓢。
- 冬吃萝卜夏吃姜，不用医生开药方。

- 懂事的两头瞒，不懂事的两头传。
- 懂得低头，方能出头。
- 斗大字不识一升。
- 独轮车，不用学，全靠屁股调的活。
- 独木不成林，独花不是春。
- 读书众人夸，赌钱众人骂。
- 肚里没籽儿，难下稀水儿。
- 断了线的风筝。
- 端人家碗，受人家管。
- 对人别太好，喂狗别喂饱。
- 对面看人看不透。
- 躲一棒槌，挨一榔头。
- 多磕头，少说话。
- 多一事不如少一事。
- 多年的媳妇熬成婆。
- 多吃素，少吃腥，健康长寿有保证。
- 多行不义必自毙。
- 多栽花，少栽刺，留着人情好办事。
- 躲了初一，躲不了十五。
- 躲雨跳到河里。

E

- 鹅毛满天飞，总有落地时。
- 饿不死的厨子。
- 恶人心，海底针。
- 二一添作五。
- 二八月，乱穿衣。
- 二十四拜都拜了，哪还在乎这一哆嗦呢。

（指事情只差最后一步就做成的情况

下，只要再加一把劲儿，就会取得更好的结果。）

- 儿不嫌母丑，狗不嫌家贫。
- 儿大不由娘。
- 儿大不由爷。
- 儿女情长，英雄气短。
- 儿孙自有儿孙福，莫为儿孙作马牛。
- 儿的生日，娘的苦日。
- 儿多不胜儿少，儿少不胜儿好。
- 儿行千里母担忧，母行千里儿不愁。
- 儿女连筋，财帛连心。
- 儿女是娘身上掉下的肉。
- 耳朵不硬，心事不定。
- 耳不听不烦，眼不见为净。

F

- 反其道而行之。
- 反躬自问，休怪他人。
- 凡有井水处，皆有俗语声。
- 凡事不能不认真，凡事不能太认真。
- 翻脸不认人。
- 饭后喝多水，肚子就闹鬼。
- 饭后行百步，不用上药铺。
- 纺花车子是圆的，两口子打架是玩的。
- 放屁砸了脚后跟。
- 放长线，钓大鱼。
- 房檐滴水照道流。
- 防君子不防小人。
- 方是真的，药是假的。

- 肥水不流外人田。
- 肥料处处有，就怕不动手。
- 肥的瘦的一锅煮。
- 费力不讨好。
- 费了九牛二虎之力。
- 粪堆上长不出灵芝草。
- 风不刮，树不摇，心里无事不犯焦。
- 风里来，雨里去。
- 风声大，雨点小。
- 丰收靠劳动，健身靠运动。
- 佛是金装，人是衣裳。
- 父母如虎，向谁谁受苦。
- 父母不慈，子女不孝。
- 父母在，不远游。
- 夫妻同心，其利断金。
- 夫妻没有隔夜仇。
- 夫妻一条心，胜过千万金。
- 夫妻本是同林鸟，大难来临各自飞。
- 富不过三代，穷不过三代。
- 富不富，看房屋。
- 富居深山有远亲。
- 富家孩子学木匠，穷家孩子学瓦匠。
- 福无双降，祸不单行。
- 福是造的，祸是作的。

G

- 该吃吃，该喝喝，啥事甭往心里搁。
- 该吃九升，不吃一斗。

- 该热不热，五谷不结；该冷不冷，五谷不整。
- 赶鸭子上架。
- 敢怒不敢言。
- 高粱面洗不出面筋。
- 个儿大力不缺。
- 干打雷，不下雨。
- 干急不出汗。
- 干得多不如干得好，来得早不如来得巧。
- 干干净净，一辈子没病。
- 干冬湿年下。
- 干的早不如干得巧。
- 干树连根，十指连心。
- 甘蔗没有两头甜。
- 刚出狼窝，又入虎口。
- 高不成低不就。
- 隔行千里远。
- 隔着门缝看扁人。
- 隔层肚皮隔重山。
- 各人的梦，各人圆。
- 各人管各人，和尚管寺门。
- 各打五十大板。
- 胳膊肘往外拐。
- 胳膊扭不过大腿。
- 给个棒槌当针使。
- 给脸不要脸，蹬鼻子就上脸。
- 跟着黄鼠狼学捉鸡。
- 狗不咬屙屎的，官不打送礼的。
- 狗窝里放不住剩馍。
- 狗肚子藏不住二两香油。
- 狗记路，猫记家，小孩记他姥娘家。

- 狗改不了吃屎，驴改不了拉磨。
- 狗急跳墙，兔子急咬人。
- 狗眼看人低。
- 狗戴帽子装好人。
- 够着门鼻儿，硌硬死人儿。
  （硌硬，方言，指厌烦。）
- 姑舅亲，辈辈亲，打断骨头连着筋；姨娘亲，不算亲，死了姨娘再不亲。
- 谷怕八月风，人怕老来穷。
- 鼓要打到点上，笛要吹到眼上。
- 鼓不敲不响，理不辩不明。
- 瓜无个个圆，人无样样全。
- 瓜田李下，各避嫌疑。
- 寡妇门前是非多。
- 刮风走小巷，下雨走大街。
- 挂羊头，卖狗肉。
- 管天管地，管不住屙屎放屁。
- 管鱼行不问盐市（事）。
- 光脚的不怕穿鞋的。
- 贵人多忘事。
- 贵人话语迟。
- 恭敬不如从命。
- 功到自然成。
- 功夫不负有心人。
- 公说公有理，婆说婆有理。
- 国有国法，家有家规。
- 国泰百业兴，家和万事兴。
- 过日子比树叶还稠。
- 过一天，少两晌。
- 过五关，斩六将。
- 锅大勺有准。

（锅的大小，不能光凭眼睛看，应该用勺子量一下。比喻不论情况怎样变化，心中有数。）

- 锅里有，碗里才有。
- 锅底里扒红薯，专拣软的捏。
- 锅里没搅的，碗里没舀的。
（指穷得锅碗空空，没有饭吃。）
- 光棍儿不吃眼前亏。
- 光许愿，不烧香。
- 光说人话，不办人事。
- 公道不公道，只有天知道。
- 公鸡头，母鸡头，不在这头在那头。
- 鬼怕恶人，蛇怕棍。

H

- 害人之心不可有，防人之心不可无。
- 害人如害己，害不住别人害自己。
- 海有底，山有顶，知识学问无止境。
- 孩子是自己的好，老婆是人家的好。
- 孩子哭了，抱给他娘。
- 憨子帮忙，越帮越忙。
- 汗珠子掉地上摔八瓣。
- 寒门出贵子，棍下出孝子。
- 喊破嗓子，不如甩开膀子。
- 寒从脚下生。
- 含在嘴里怕化了。
- 好合不如好散。
- 好饭不怕晚。
- 好钢用在刀刃上。
- 好汉不吃眼前亏。
- 好汉不提当年勇。
- 好虎架不住群狼。

◆ 好马不吃回头草。

◆ 好猫不叫，好狗不跳。

◆ 好人难做，白布难穿。

◆ 好人死在证人手里。

◆ 好事不背人，背人没好事。

◆ 好事不过三。

◆ 好死不如赖活。

◆ 好问的人迷不了路。

◆ 好记性不如烂笔头。

◆ 好借好还，再借不难。

◆ 好酒不怕巷子深。

◆ 好汉搁不住三泡稀。

◆ 好花不常开，好景不常在。

◆ 好鞋不踩臭狗屎。

◆ 好了疮疤忘了疼。

◆ 好心当成驴肝肺。

◆ 好话一句三春暖。

◆ 好事不出门，坏事传千里。

◆ 好男不跟女斗。

◆ 好狗不挡路。

◆ 好叫的猫不拿老鼠。

◆ 好闲事不如赖不管。

◆ 好人相逢，恶人远离。

◆ 好人出在嘴上，好马出在腿上。

◆ 好胳膊好腿，不胜长个好嘴。

◆ 好茶尽人喝，好饭尽人吃。

◆ 好心有好报。

◆ 好儿不争分家饭，好女不争嫁时衣。

◆ 好马不停蹄，好牛不停犁。

◆ 好话不说两遍。

◆ 好姻缘棒打不散。

◆ 好事不瞒人，瞒人无好事。

◆ 好人架不住坏人言，开水架不住凉水点。

◆ 和尚好做，五更难熬。

◆ 和尚无儿孝子多。

◆ 河里无鱼虾也贵。

◆ 河里没鱼市上看。

◆ 喝口凉水也塞牙。

◆ 禾苗不认爹和娘，耕作到家多打粮。

◆ 黑烟熏天，恶语伤人。

◆ 黑老鸹叫三声，不是下雨就刮风。

◆ 黑狗偷了油，打了白狗头。

◆ 狠毒不过妇人心。

◆ 恨铁不成钢。

◆ 后脑勺的头发，抓得到一千，看不见一根。

◆ 后来者居上。

◆ 呼天天不应，叫地地不灵。

◆ 虎毒不食子。

◆ 虎离深山被犬欺。

◆ 胡子眉毛一把抓。

◆ 胡琴响，喉咙痒。

◆ 糊涂庙，糊涂神。

◆ 话过三人口，白猫变黑狗。

◆ 话到嘴边留一半，理从是处让三分。

◆ 话是开心锁，不说锁不开。

◆ 话是开心的钥匙。

◆ 话说三遍，神鬼不耐烦。

◆ 话说三遍淡如水。

◆ 话不说不透。

◆ 话越传越多，布越扯越短。

- 花钱买罪受。
- 花无常红，月无常圆。
- 花无百日红，人无千日好。
- 画鬼容易画人难。
- 画匠不给神磕头。
- 坏心眼子，耍秤杆子。
- 患难之交不可忘,糟糠之妻不下堂。
- 黄泉路上无老少。
- 黄鼠狼去赶集，上下就是一身皮。
- 皇帝不急太监急。
- 荒地无人耕，耕起有人争。
- 会干的不如会看的。
- 会打的打十下，不会打的打一下。
- 会生之人生八月，会死之人死腊月。
- 会说的惹人笑，不会说的惹人跳。
- 会看的看门道，不会看的看热闹。
- 会说话能当钱使。
- 会说的不一定会干。
- 会捉老鼠的猫不叫。
- 会笑的不一定会卖，会卖的一定会笑。
- 会者不难，难者不会。
- 会说的，不如会听的。
- 会说的说自己,不会说的说别人。
- 婚礼铺张，两败俱伤。
- 活人不能让尿憋死。
- 活到老，学到老，一生一世学不了。
- 火大没湿柴。
- 火烧眉毛不着急。
- 火烧眉毛顾眼前。
- 和伙穿一条裤子还嫌大。

- 祸不单行，福不双至。
- 货卖一张皮。
- 货比三家买不亏。
- 货比货得扔，人比人得死。
- 浑水好摸鱼。

J

- 接风饺子送行面。
- 饥不暴食，渴不狂饮。
- 饥不择食，寒不择衣。
- 吉人自有天相。
- 计划赶不上变化。
- 紧病慢先生。
- 季节不让人。
- 鸡蛋里挑骨头。
- 鸡多不下蛋。
- 鸡飞狗跳墙。
- 鸡蛋没缝也会臭。
- 鸡窝里飞出金凤凰。
- 家有千口，主事一人。
- 家家有本难念的经。
- 家丑不可外扬。
- 家有一老，如有一宝。
- 家有千金，不如一技在身；家有万贯，不如日进分文。
- 家庭再穷莫嫌，外乡再富莫恋。
- 家书抵万金。
- 嫁出去的闺女，泼出去的水。
- 嫁鸡随鸡，嫁狗随狗，嫁个扁担抱着走。
- 见死不救，一场大罪。
- 见过鬼的怕黑。

- 见水就渴，见饭就饿。
- 见人说人话，见鬼说鬼话。
- 见鞍思马，睹物思人。
- 江山易改，本性难移。
- 将怕带兵，兵怕放炮。
- 姜是老的辣，醋是陈的酸。
- 姜老辣味大，人老经验多。
- 浇死的花，撑死的驴。
- 浇花浇根，交人交心。
- 饺子就酒，越喝越有。
- 角色无大小，全当正戏唱。
- 脚大脸丑家中宝，丈夫不嫌就是好。
- 脚踏两只船。
- 脚长沾露水，嘴长惹是非。
- 叫天天不应，叫地地不灵。
- 叫人牵着鼻子走。
- 借钱眉开眼笑，讨钱恶声白眼。
- 借钱是孙子，还钱是爷。
- 疖子早晚得出头。
- 姐姐不嫁，耽搁了妹妹。
- 解铃还需系铃人。
- 金钱如粪土，人格值千金。
- 金花配银花，西葫芦配南瓜。
- 金窝银窝，不如自家的穷窝。
- 金正月，银二月，不冷不热三四月。
- 今儿交桃花运，明儿走窟窿山。
- 今朝有酒今朝醉。
- 近朱者赤，近墨者黑。
- 近水楼台先得月。
- 近怕鬼，远怕水。
- 近商者富，近官者穷。

- 紧睁眼，慢张口。
- 进了三宝殿，都是烧香人。
- 经一事，长一智。
- 经验大似学问。
- 经风雨，见世面。
- 敬酒不吃吃罚酒。
- 静坐常思己过，闲谈莫论人非。
- 井水不犯河水。
- 井越掏越清，事越摆越明。
- 久病床前无孝子。
- 久别胜新婚。
- 久旱逢甘雨，他乡遇故知。
- 久住山坡，不嫌陡。
- 旧的不去，新的不来。
- 旧瓶装新酒。
- 九牛二虎之力。
- 就腿搓绳，趁坷台儿下驴。
- 酒香不怕巷子深。
- 酒肉朋友怕天长，恩爱夫妻怕患难。
- 酒杯虽小淹死人。
- 酒肉朋友，米面夫妻。
- 酒壮怂人胆。
- 酒逢知己千杯少，话不投机半句多。
- 酒不醉人人自醉，色不迷人人自迷。
- 酒后吐真言。
- 酒席好摆客难请。
- 将在外，君命有所不受。
- 救场如救火。
- 救人一命，胜造七级浮屠。
- 君子一言，驷马难追。

◆ 君子报仇，十年不晚。

◆ 君子之交淡如水，小人之交甜如饴。

K

◆ 开水多喝，强似吃药。

◆ 开弓没有回头箭。

◆ 开门七件事，柴米油盐酱醋茶。

◆ 砍的没有旋的圆。

◆ 砍柴的不能跟放羊的走。

◆ 看热闹的不嫌事大。

◆ 看棋不语真君子，落子不悔大丈夫。

◆ 看人下菜碟。

◆ 看透不说透，说透不是好朋友。

◆ 看景不如听景。

◆ 靠山吃山，靠水吃水。

◆ 靠山山倒，靠水水干。

◆ 客随主便。

◆ 客走主家安。

◆ 可怜天下父母心。

◆ 可怜之人，必有可恨之处。

◆ 空口说白话。

◆ 空口无凭，立字为证。

◆ 空手套白狼。

◆ 空粮袋竖不起来。

◆ 苦霜专打单根草，狂风难毁万亩林。

◆ 哭天有泪，入地无门。

◆ 快刀斩乱麻。

◆ 亏心不买，亏心不卖。

◆ 亏众不亏一。

- 亏是福，人人不；利是害，人人爱。
- 捆绑不是夫妻。
- 困难常常有，千万别低头。
- 阔头姑娘难得寻。

L

- 拉不出屎来怨茅房。
- 拉完磨杀驴。
- 腊八祭灶，年下（春节）来到。
- 来得早不如来得巧。
- 来说是非者，便是是非人。
- 来得容易去得快。
- 来者不善，善者不来。
- 癞蛤蟆想吃天鹅肉。
- 懒人自有懒人命，锅碗不洗狗舔净。
- 懒人急在嘴上，勤人急在腿上。
- 懒人有懒福。
- 懒人嘴里明天多。
- 懒汉在井边也会渴死。
- 懒驴上套（磨）屎尿多。
- 浪子当家，饿死全家。
- 浪子回头金不换。
- 老鼠过街，人人喊打。
- 老将出马，一个顶俩。
- 老子混蛋儿混蛋，老子英雄儿好汉。
- 老怕伤寒，少怕痨。
- 老不看三国，少不看水浒。
- 老牛肉，有嚼头；老人言，有听头。
- 老人不讲古，后人要失谱。
- 老黄历用不得。

- 老死不相往来。
- 老虎还有打盹儿的时候。
- 老虎嘴里拔牙。
- 老鸡不上灶，小鸡不乱跳。
- 老头要请，小孩要哄。
- 老将不减当年勇。
- 乐极生悲，苦尽甘来。
- 雷声大，雨点小。
- 擂台上死的都是好手。
- 冷手抓热馒头。
- 冷汤冷饭能吃，冷言冷语难听。
- 冷不冷捎衣裳，饥不饥带干粮。
- 冷静观人，理智处世。
- 理不顺气死旁人。
- 力大不如办法多。
- 礼下于人，必有所求。
- 犁地看耙，吃饭看锅。
- 离了张屠户，不吃带毛猪。
- 礼多人不怪。
- 立得正，行得正，三条路走在正当中。
- 立着放债，跪着讨钱。
- 脸皮薄，吃不着；脸皮厚，吃个够。
- 脸皮壮，吃哩胖。
- 脸色黄，病壳囊。
- 两个门头有高低，十个指头有长短。
- 两好搁一好。

  （指双方都要好，才能好到一块儿。）
- 两虎相斗，必有一伤。
- 两斗皆仇，两和皆友。
- 两军相遇，勇者胜。
- 两军交战，不斩来使。

◆ 良心叫狗吃了。

◆ 量小非君子，无毒不丈夫。

◆ 烈火见真金，日久见人心。

◆ 邻舍好，无价宝。

◆ 邻居好，赛金宝。

◆ 临死还找个垫背的。

◆ 灵丹妙药治病，长辈之言救心。

◆ 六月的天，后娘的脸。

◆ 六月天，洼儿不干。

◆ 六十六，割块肉。

◆ 流言止于智者。

◆ 留得青山在，不愁没柴烧。

◆ 留住人，留不住心。

◆ 龙生一子定乾坤，猪生一窝拱墙根。

◆ 龙多四靠，不旱就涝。

◆ 龙生九子各不同。

◆ 漏底缸好补，穷困洞难堵。

◆ 鲁班门前不动斧。

◆ 路在人走，事在人为。

◆ 路不走不到，钟不敲不响。

◆ 路遥知马力，日久见人心。

◆ 路是弯的，理是直的。

◆ 路是人走出来的。

◆ 路远没轻重。

◆ 驴唇不对马嘴。

◆ 驴骑后，马骑前，骡子骑在正中间。

◆ 驴粪蛋儿，外面光。

◆ 乱麻拧成绳，能拉火车行。

◆ 烙馍再大，也大不过鏊子。

◆ 锣鼓听声，听话听音。

- 落架的凤凰不如鸡。
- 落魄不思三人，人穷不碰三艺。
- 落花有意，流水无情。
- 落水顾命，上岸顾财。
- 落在鬼手里，不怕见阎王。
- 萝卜白菜，各有所爱。
- 萝卜快了不洗泥。

（指在生意好的时候，商家可能不考虑商品的外观和服务质量。）

M

- 蚂蚁多了也会咬死人。
- 麻野雀叫，喜事来到。
- 麻秆打狼两头怕。
- 麻雀虽小，五脏俱全。
- 马上不知马下苦，饱汉不知饿汉饥。
- 马上摔死英雄汉，河中淹死会水人。
- 马看牙板，树看年轮。
- 马蹄坑里淹死人。

（指在有把握的地方出了问题。）

- 买家没有卖家精。
- 买卖不成仁义在。
- 买鸡看爪，买鸭看嘴。
- 买卖不懂行，瞎子撞南墙。
- 买屋看梁，娶媳妇看娘。
- 买不来钱在，卖不出货在。
- 卖瓜的不说瓜苦，卖桃的不说桃酸。
- 麦收看三宝:头多、穗大、粒粒饱。
- 麦怕雹，谷怕风，芝麻就怕麻雀崩。
- 满招损，谦受益。
- 满屋金银，不如满堂儿孙。

- 瞒得了一时，瞒不了一世。
- 满堂儿女不如半路夫妻。
- 慢工出细活。
- 慢工出巧匠。
- 猫哭老鼠假慈悲。
- 猫是奸臣，狗是忠臣。
- 毛毛雨，打湿衣裳；杯杯酒，吃垮家当。
- 磨刀不误砍柴工。
- 摸石头过河。
- 莫嫌本少利钱小，挣点总比赔点好。
- 没吃着羊肉，反惹一身膻。
- 没有过不去的桥，没有迈不过的坎。
- 没有走不到头的路。
- 没有高岗，显不出低洼。
- 没有拉不直的绳。
- 没有不透风的墙。
- 没有不上钩的鱼。
- 没事不惹事，有事不怕事。
- 没钱难办称心事。
- 没有锯不倒的树。
- 没有过不去的火焰山。
- 没有金刚钻，别揽瓷器活。
- 没有功劳，也有苦劳。
- 没有梧桐树，引不来金凤凰。
- 没土打不成墙，没苗打不出粮。
- 没有芭蕉扇，也要过那火焰山。
- 美不美，家乡水；亲不亲，故乡人。
- 眉毛胡子一把抓。
- 每顿省一口，活到九十九。
- 每逢佳节倍思亲。

- 门前不栽皂角树，家里不让外人住。
- 门不离五，床不离七。
- 面色白如银，皆是富贵人。
- 面子是别人给的。
- 面条热三遍，给肉都不换。
- 命中只有八合米，走遍天下不满升。
- 命里八尺，难求一丈。
- 命若富，拾张白纸变成布。
- 命里有时终须有，命里无时莫强求。
- 名师出高徒。
- 名不正，言不顺。
- 明枪易躲，暗箭难防。
- 明人不做暗事。
- 明里来，暗里去。
- 没吃过猪肉，还没见过猪咋走。
- 牡丹虽好，全仗绿叶扶持。
- 木匠的墨斗一条线。
- 木匠动动手，养活七八口。

N

- 拿人钱财，替人消灾。
- 拿着鸡毛当令箭。
- 拿着镜子照照自己。
- 拿得起，放得下。
- 拿猪头还愁找不到庙门。
- 哪壶不开提哪壶。
- 哪个猫儿不吃腥。
- 哪家灶伙屋不冒烟。
- 哪里丢哪里找，哪里破哪里缝。

- 哪里的黄土都埋人。
- 哪里跌倒，哪里爬起来。
- 南京到北京，走路都算工。
- 南京到北京，老哥是官称。
- 男儿有泪不轻弹。
- 男大当婚，女大当嫁。
- 男是冤家女是债。
- 男人膝下有黄金。
- 男不跟女斗，鸡不跟狗斗。
- 男要俏，一身皂；女要俏，一身孝。
- 男不露脐，女不露皮。
- 男不拜月，女不祭灶。
- 男人是个筢子，女人是个匣子，不怕筢子没齿，就怕匣子没底。
- 男人有钱就学坏，女人学坏就有钱。
- 男子汉大丈夫，能屈能伸。
- 男子汉大丈夫，宁死不屈。
- 男人以才为貌，女人以貌为财。
- 男怕磨，女怕泡；鸡怕撵，狗怕舔。
- 男人不坏女人不爱。
- 男怜后妻，女望前夫。
- 男怕入错行，女怕嫁错郎。
- 男怕柿子女怕梨。
- 男怕精细女怕迷。
- 难见庐山真面目。
- 内行看门道，外行看热闹。
- 宁吃仙桃一口，不吃烂杏两筐。
- 能跟红脸人动刀，不跟黄脸人结交。
- 能者多劳。
- 能饶人处且饶人。
- 能吃过头饭，不说过头话。

- 能抓住手，难捂住口。
- 能管三尺门里，不管三尺门外。
- 宁买不值，不买吃食。
- 你敬我一尺，我敬你一丈。
- 你的井深，我的绳长。
- 你的筐绳长，我的扁担翘。
- 你有你的千条计，我有我的老主意。
- 你走你的阳关道，我走我的独木桥。
- 你给我初一，我还你十五。
- 年老不娶年少妻，早晚还是人家哩。
- 撵不离的鸡，喂不熟的狗。
- 娘家的饭香，婆家的饭长。
- 宁救百只羊，不救一条狼。
- 宁为玉碎，不为瓦全。
- 宁当鸡头，不当凤尾。
- 宁可站着死，决不屈着生。
- 宁叫心受苦，不叫脸受热。
- 宁可信其有，不可信其无。
- 宁可一处打井，不可到处挖坑。
- 宁给明白人打架，不给糊涂人说话。
- 宁说玄话，不说闲话。
- 牛无力，拉横耙；人无理，说横话。
- 牛不喝水强按头。
- 牛皮不是吹的，火车不是推的。
- 牛吃草，鸡吃谷，各有各的福。
- 牛大吃草，猫小吃鱼。
- 牛怕阴阳角，人怕吊斜眼。
- 女大十八变，越变越好看。
- 女大自巧，狗大自咬。

- 女大不能留，留来留去结冤仇。

P

- 爬得高，摔得重。
- 怕处有鬼，痒处有虱。
- 排场和丢人挨着。
- 跑腿不如耍嘴。
- 跑了和尚跑不了庙。
- 赔了夫人又折兵。
- 喷大话，腰不疼。
- 朋友妻，不可欺。
- 朋友劝酒不劝色。
- 碰了一鼻子灰。
- 劈柴要顺茬，教子要得法。
- 便宜没好货，好货不便宜。
- 偏方治大病。
- 贫贱之交不可忘。
- 贫在闹市无人问，富在深山有远亲。
- 平时不烧香，临时抱佛脚。
- 凭空一句话，入耳就生根。
- 婆婆嘴碎，媳妇耳背。
- 破罐子破摔。
- 破家值万贯。
- 泼水容易，收水难。

Q

- 妻贤夫祸少，家和万事兴。
- 起个大早，赶个晚集。
- 骑着骡子想骏马。

◆ 七大姑八大姨。

◆ 齐不齐，一把泥。

（指泥瓦匠的习惯语，比喻不顾质量匆忙地结束所做的事情。）

◆ 浅水养不住大鱼。

◆ 遣将不如激将。

◆ 钱多不烧手。

◆ 钱花哪儿哪儿好。

◆ 钱是王八蛋，花完再赚。

◆ 钱多惹祸，树大招风。

◆ 千经万典，孝顺为先。

◆ 千金难买好心肠。

◆ 千年王八万年龟。

◆ 千年笨，搁不住万年学。

◆ 千炖豆腐万炖鱼。

◆ 千军易得，一将难求。

◆ 千里姻缘一线牵。

◆ 千里去烧香，不胜在家敬爹娘。

◆ 千里送鹅毛，礼轻情意重。

◆ 妻贤夫祸少，子孝父心宽。

◆ 前三十年睡不醒，后三十年睡不着。

◆ 前不着村，后不着店。

◆ 前怕狼，后怕虎。

◆ 前世无怨，后世无仇。

◆ 前言不搭后语。

◆ 前头有车，后面有辙。

◆ 前车之覆，后车之鉴。

◆ 前三十年看父教子，后三十年看子敬父。

◆ 前脚走，后脚到。

◆ 前人栽树，后人乘凉。

◆ 牵着不走，打着倒退。

◆ 强扭的瓜不甜。

- 强龙不压地头蛇。
- 强将手下无弱兵。
- 强盗出门千人骂，英雄出门万人夸。
- 强中自有强中手，能人背后有能人。
- 墙头草，随风倒。
- 墙上一窝草，风吹两边倒。
- 巧让客碰见热粘皮。
- 巧妇难为无米之炊。
- 巧媳妇难做无米之炊。
- 桥归桥，路归路。
- 荞麦面打不成浆子。
- 茄子老了一包籽，丝瓜老了一包瓤。
- 茄子树上吊不死人。
- 勤是摇钱树，俭是聚宝盆。
- 勤一勤，不受贫；懒一懒，无吃穿。
- 亲的打不掉，义的安不上。
- 亲帮亲，邻帮邻，邻里和睦互帮衬。
- 亲者痛，仇者快。
- 亲是亲，财帛分。
- 亲戚不共财，共财再不来。
- 亲兄弟，明算账。
- 秦桧还有仨相好哩。
- 青出于蓝而胜于蓝。
- 青脸人，三眼狗，无事把人咬一口。
- 清晨郊外走，睡觉不蒙头。
- 清贫常乐，浊富多忧。
- 请神容易送神难。
- 情人眼里出西施。
- 晴备雨伞，夏备寒衣。

- 倾家二字淫与赌，宁家二字勤与俭。
- 穷人手脚黑，富人心眼黑。
- 穷赶集，富赶会。
- 穷搬家，富迁坟，不穷不富挪大门。
- 穷怕亲戚富怕贼，半夜叫门问声谁。
- 穷秀才，富举人。
- 穷吵闹，富安然。
- 穷人脖子里没犟筋。
- 穷上山，富下川。
- 穷种瓜，富种花。
- 求人三分短。
- 求人不如求自己。
- 取人之长，补己之短。
- 缺个玉米，塞个豆。
- 桥心水，穿堂风，婆婆嘴，后娘心。

R

- 让人三分不吃亏。
- 让人不算痴，过后捡便宜。
- 惹不起，躲得起。
- 热从头上，冷从脚上。
- 热脸贴冷屁股。
- 人是一盘磨，躺下就不饿。
- 人挪活，树挪死。
- 人过留名，雁过留声。
- 人非圣贤，孰能无过？
- 人心齐，泰山移。
- 人要忠心，火要空心。
- 人无横财不发，马无夜草不肥。

（夜草，指半夜里要喂马。）

◆ 人心要实，火心要虚。

◆ 人是铁，饭是钢，一顿不吃饿得慌。

◆ 人黄有病，天黄有雨。

◆ 人生一世，草木一春。

◆ 人在人情在，人死一笔带。

◆ 人瘦脸皮黄，地瘦少打粮。

◆ 人叫人，千声不语；货叫人，点首自来。

◆ 人叫人死，死不了；天叫人死，活不成。

◆ 人穷志不短，凡事顾脸面。

◆ 人怕出名猪怕壮。

◆ 人无远虑，必有近忧。

◆ 人恶人怕天不怕，人善人欺天不欺。

◆ 人算不如天算。

◆ 人在屋檐下，不得不低头。

◆ 人有失手，马有失蹄。

◆ 人奔家乡马奔草。

◆ 人怕理，马怕鞭，蚊子怕火烟。

◆ 人要炼，马要骑。

◆ 任它狗儿怎样叫，不误马儿走正道。

◆ 人心是秤，人眼是镜。

◆ 人非草木，孰能无情。

◆ 人生地不熟。

◆ 人言可畏。

◆ 人为财死，鸟为食亡。

◆ 人在做，天在看。

◆ 人靠衣裳，马靠鞍；一是长相，二是穿。

◆ 人比人，气死人。

◆ 人有脸，树有皮。

◆ 人没脸，树没皮，百法难治。

- 人穷志不短，饱学智商高。
- 人家吃了传名，自己吃了填坑。
- 人老腿先老，树老根先枯。
- 人勤地不懒，肥多禾苗壮。
- 人误地一时，地误人一年。
- 人心是杆秤，八两换半斤。
- 人的命，天注定，胡思乱想没有用。
- 人在江湖，身不由己。
- 人要是倒霉，喝口凉水也塞牙。
- 人穷志短，马瘦毛长。
- 人怕輸理，狗怕夹尾。
- 人往高处走，水往低处流。
- 人往大处看，鸟往高处飞。
- 人过四十不学艺。
- 人不该死有人救。
- 人不在大小，马不在高低。
- 人要心强，树要皮硬。
- 人到事中迷，就怕没人提。
- 人没长前后眼。
- 人嘴两块皮，说来又说回。
- 人有三迷。
- 人老不主贵，迎风流眼泪。
- 人多嘴杂。
- 人心隔肚皮，虎心隔毛尾。
- 人活一口气。
- 人不要脸鬼都怕。
- 人少好吃饭，人多好干活。
- 人活七十古来稀。
- 人算不如天算。
- 人家骑马咱骑驴，后面还有步行的。

- 人倒大家扶，墙倒众人推。
- 人老心不老，老牛吃嫩草。
- 人穷不如鬼，茶淡不如水。
- 人穷心多，马瘦筋多。
- 人有三年旺，神鬼不敢撞。
- 人眼里不揉沙子。
- 人有人言，兽有兽语。
- 人心都是肉长的。
- 人到难处必有路，船到桥头自然直。
- 人心还得人心还。
- 人人头上顶片天。
- 人多出韩信，智多出孔明。
- 人上一百，形形色色。
- 人中有吕布，马中有赤兔。
- 人生一世，草木一秋。
- 人心高如天，越是钱多越爱钱。
- 人不怕有错，就怕不改过。
- 人生如戏，全靠演技。
- 人随王法草随风。
- 人走时运马走膘。
- 人多道多，夜长梦多。
- 人凭志气虎凭威。
- 人盼五月狗盼秋，小孩子盼过年打灯笼。
- 人穷朋友少，衣破虱子多。
- 人无知则傲，杏不熟则酸。
- 人有厚薄，水有深浅。
- 人勤地生宝，人懒地生草。
- 人怕理，马怕鞭。
- 人争闲气一场空。
- 人心难摸，泥鳅难捉。

- 人有心头病，猫叫也心惊。
- 人家夸，一朵花；自己夸，人笑话。
- 人养玉三年，玉养人一生。
- 人比人，气死人；命比命，气成病。
- 人恋野妇狗恋家，猪恋大粪蝶恋花。
- 任凭风浪起，稳坐钓鱼船。
- 肉烂锅里转。
- 软的欺，硬的怕。
- 软面饺子硬面条。
- 软刀子杀人不见血。
- 软怕硬，硬怕愣，愣怕不要命。
- 日有所思，夜有所梦。
- 日图三餐，夜图一宿。

S

- 三步不出車，算你棋艺低。
- 三分像人，七分像鬼。
- 三百六十行，行行出状元。
- 三人一条心，黄土变成金。
- 三年不开张，开张吃三年。
- 三年弦子，两年笙，学会弹一五更。
- 三亩耕地一头牛，孩子老婆热炕头。
- 三句话不离本行，小孩离不开爹娘。
- 三个女人一台戏，两个老翁一盘棋。
- 三年不上门，当亲也不亲。
- 三人行，必有我师。

- 三十年，风水轮流转。
- 三天不打，上房揭瓦。
- 三岁打娘娘发笑，三十打娘娘上吊。
- 三十年河东，三十年河西。
- 三十年的媳妇熬成婆。
- 三十四五，半截入土。
- 三分吃饱，七分吃好。
- 婶子一大群，不如亲娘一个。
- 色字头上一把刀。
- 杀人不过头点地。
- 啥钥匙开啥锁。
- 啥葫芦结啥籽。
- 傻人有傻福。
- 杀人偿命，欠债还钱。
- 沙地发小苗，黏土发老苗。
- 山外有山，天外有天。
- 山中有直树，世上无直人。
- 山不转水转，路不转人转。
- 山高遮不住太阳。
- 善有善报，恶有恶报，不是不报，时候不到，时间一到，必定要报。
- 善化不足，恶化有余。
- 上有天堂，下有苏杭。
- 上无片瓦，下无立锥之地。
- 上边一阵风，下边一层浪。
- 上轿女儿哭是笑，落地秀才笑是哭。
- 上梁不正下梁歪。
- 上等人争衣，下等人争食。
- 上山容易下山难。
- 上有天，下有地，中间有良心。
- 上知天文地理，下知鸡毛蒜皮。

- 上顿不开锅，下顿一样多。
- 上不着天，下不着地。
- 上刀山，下火海。
- 上有老，下有小。
- 上知天文，下知地理。
- 上山打虎易，开口告人难。
- 上天无路，入地无门。
- 伤筋动骨一百天。
- 少年夫妻老来伴。
- 少贫不算贫，老贫贫死人。
- 烧锅烧底儿，烧鏊子烧腿儿。
- 捎话会捎多，捎东西会捎少。
- 舌头底下压死人。
- 舍不得孩子套不住狼。
- 射人先射马，擒贼先擒王。
- 身在福中不知福。
- 身上无衣怨天冷，肚里无食怨人馋。
- 身大力不亏，智多事有为。
- 身子正，脚跟硬。
- 伸手不打笑脸人。
- 水深不响，水响不深。
- 深山出俊鸟。
- 深翻土地多打粮，动动都比不动强。
- 神不知鬼不觉。
- 神有妙计，鬼有巧招。
- 生死有命，富贵在天。
- 生不带来，死不带去。
- 生米做成熟饭。
- 十年河东，十年河西。
- 十个指头咬哪个都疼。
- 十七八，力不全，二十四五正当年。

- 十鸟在林，不如一鸟在手。
- 十层单不顶一层棉。
- 十八没有二十能。
- 十聋九哑。
- 十里不同风，百里不同俗。
- 十里不同俗，百里改规矩。
- 十五的月亮十六圆。
- 是蛇一身冷，是狼一身腥。
- 食不言，寝不语。
- 食是安身之本。
- 是啥病，开啥药。
- 是个锅灶都冒烟。
- 是福不是祸，是祸躲不过。
- 是亲三分向，没亲沾也沾不上。
- 事后诸葛亮。
- 事是死的，人是活的。
- 是话就有因，是草就有根。
- 是金子总会发光。
- 事能三思必有益。
- 事别做绝，话别说尽。
- 事大事小，身到便了。
- 事办当时，话讲当面。
- 师徒如父子，同学如兄弟。
- 师傅领进门，修行靠个人。
- 虱子多了不咬人。
- 世上无难事，只怕有心人。
- 世上没有后悔药。
- 势不可使尽，福不可享尽，便宜不可占尽，聪明不可用尽。
- 拾东西清楚，丢东西迷糊。
- 拾金不昧，问心无愧。
- 石头也有反转日，困龙也有上天时。

◆ 屎窝挪到尿窝里。

◆ 士别三日，当刮目相看。

◆ 手心手背都是肉。

◆ 手拿要饭棍，亲戚朋友不敢认。

◆ 手越用越巧，脑子越用越活。

◆ 手大难遮天。

◆ 瘦死的骆驼比马大。

◆ 树根不动，树梢闲摆。

◆ 树大自直，女大自巧。

◆ 树怕空了心，人怕没良心。

◆ 树高千丈，落叶归根。

◆ 树老根多，人老识多。

◆ 树怕三摇，女怕三撩。

◆ 树多林稠，洪水低头。

◆ 树叶落地，鸡瘦羊肥。

◆ 树怕剥皮，人怕揭短。

◆ 树不修，长不直；人不学，没知识。

◆ 树叶掉下来怕砸住头。

◆ 梳头不好一日过，嫁夫不好一生错。

◆ 甩手掌柜的。

◆ 摔了个跟头，捡了个明白。

◆ 盛者衰之始，祸者福之基。

◆ 水浅养不住大鱼。

◆ 水火不相容。

◆ 水满自流，人满自夸。

◆ 水过地皮湿。

◆ 水不流会发臭，人不学会落后。

◆ 水深难见底，虎死不倒威。

◆ 水往下流，鱼往上游。

◆ 水泼不进，针插不进。

◆ 谁有粉不往脸上搽。

◆ 谁家锅沿不碰勺，哪有舌头不碰牙。

◆ 谁家灶火不冒烟。

◆ 睡前洗洗脚，胜似吃补药。

◆ 顺着杆子往上爬。

◆ 顺着磨道找蹄印。

◆ 说你好，不要笑；说你坏，你别怪。

◆ 说话不在多和少，说到当处便为好。

◆ 说曹操，曹操到。

◆ 说书不讲，隔裤子挠痒。

◆ 说你胖，你就喘。

◆ 说人话，不办人事。

◆ 说话不灵，放屁不疼。

◆ 说者无心，听者有意。

◆ 说千道万，不如做做看。

◆ 说书的嘴，唱戏的腿。

◆ 说大话使小钱。

◆ 说的比唱的好听。

◆ 私心重，骨头软。

◆ 死猪不怕开水烫。

◆ 耍猴儿不怕人多。

◆ 死马当作活马医。

◆ 死要面子活受罪。

◆ 死活不开口，神仙难下手。

◆ 送君千里，终有一别。

◆ 蒜是个宝，常吃身体好。

◆ 随年吃饭，随年穿衣。

T

◆ 踏破铁鞋无觅处，得来全不费功夫。

- 台上扭一扭，台下十里走。
- 贪多嚼不烂。
- 贪小利，失大节。
- 堂前三分孝，胜烧十年香。
- 套鸽子也得撒把豆。
- 桃李满天下。
- 讨饭怕狗咬，秀才怕岁考。
- 剃头挑子一头热。
- 天机不可泄漏。
- 天塌压大家。
- 天塌下来有个高的顶。
- 天无绝人之路。
- 天无一月雨，人无一世穷。
- 天高摸不着，斗大盛哩多。
- 天不怕，地不怕，就怕房上吹喇叭（结冰）。
- 天下老，都爱小。
- 天下无不慈的父母。
- 天塌下来有地接着。
- 天底下没有不散的筵席。
- 天下老鸹一般黑。
- 天要下雨，娘要嫁人。
- 天理地理，有钱有理。
- 天时不如地利，地利不如人和。
- 天上云多月不明，地上坑多路不平。
- 天生我材必有用。
- 天网恢恢，疏而不漏。
- 天涯何处无芳草。
- 天上飞禽，鸽子鹌鹑；地上走的，兔子狗肉。
- 头生稀罕末生娇，挨打受气半中腰。

- 头过去了，不顾尾巴。
- 头发长，见识短。
- 头痛医头，脚痛医脚。
- 头锅饺子二锅面，米炒三遍金不换。
- 头伏萝卜二伏芥，三伏里头种白菜。
- 头顶天，脚踩地。
- 偷个鸡蛋吃不饱，落下臭名背到老。
- 添个蛤蟆四两力。
- 添客不添菜，只加一双筷。
- 填不满的穷窟窿。
- 跳进黄河洗不清。
- 条条大路通北京。
- 铁匠一肚子的样儿。
- 铁树开花，哑巴说话。
- 铁匠无样，边打边像。
- 铁打的营盘，流水的兵。
- 铁匠炉旁少站，赌博场里少转。
- 听话听音，看人看心。
- 听过不如见过，见过不如做过。
- 听人劝，吃饱饭。
- 听风就是雨。
- 听人家的话，坏自己的事。
- 同行是冤家。
- 同行不同利。
- 同打虎，共吃肉。
- 唾沫星子能把人淹死。
- 兔子不吃窝边草。

W

- 外甥仿舅，侄女随姑。
- 外地的和尚会念经。
- 外甥是舅家的狗，吃饱就走。
- 外五行，金木水火土；内五行，心肝脾肺肾。
- 外甥不脱舅家相。
- 外人不惜他人物。
- 歪瓜裂枣瘪肚梨。
- 剜到篮子里就是菜。
- 弯尺画不出直线。
- 万事皆缘，随遇而安。
- 万事俱备，只欠东风。
- 万丈高楼平地起。
- 万变不离其宗。
- 万两黄金容易得，知己一个也难求。
- 晚饭少一口，活到九十九。
- 望山跑死马。

（形容一个地方或目标看似很近但实际距离很远。）

- 往别人脸上抹黑，往自己脸上贴金。
- 往日无冤，近日无仇。
- 王八有钱出气粗，侄儿有钱不叫叔。
- 王婆卖瓜，自卖自夸。
- 王子犯法，与民同罪。
- 为富不仁，为仁不富。
- 为人不当差，当差不自在。
- 喂得起猪，垒得起圈，娶得起媳妇，管得起饭。
- 闻名不如见面，见面胜似闻名。
- 文人落魄卖文章，武人落魄卖武

艺。

- 我为人人，人人为我。
- 窝窝头蘸辣椒，越吃越上膘。
- 无心人难防有心人。
- 无官一身轻。
- 无巧不成书。
- 无毒不丈夫，量小非君子。
- 无酒不成席。
- 无理狡辩三分。
- 无事不登三宝殿。
- 无利不起五更。
- 无风不起浪。
- 无钱不算穷，无业才是贫。
- 无债一身轻，有债睡不宁。
- 无规矩不成方圆。
- 无用的毛发能捻绳。
- 物以稀为贵。
- 物以类聚，人以群分。
- 五百年前是一家。
- 五月龙，六月凤，七月八月打长虫。
- 屋漏偏逢连夜雨，破船恰逢顶头风。
- 屋里不烧火，屋外不冒烟。

X

- 稀泥糊不上墙。
- 细水长流，吃穿不愁。
- 细嚼慢咽，活成神仙。
- 瞎猫碰上死老鼠。
- 瞎子不怕天黑，聋子不怕打雷。
- 虾有虾路，鳖有鳖路。

- 县官不如现管。
- 先下手为强，后下手遭殃。
- 先入为主，久占为业。
- 先君子，后小人。
- 闲话不能轻信。
- 闲话不可乱讲，东西不可乱吃。
- 咸吃萝卜淡操心。
- 想受忙，喂群羊。
- 想吃肉又怕烫嘴。
- 响水不开，开水不响。
- 乡下人忙八月，城里人忙腊月。
- 小青蛙斗不过大长虫。
- 小时偷针，大了偷金。
- 小时偷油，大了偷牛。
- 小石头能砸烂大缸。
- 小斧头能砍倒大树。
- 小孩嘴里吐实话。
- 小事不严，留下后患。
- 小锅饭，吃着香，又有葱花又有姜。
- 小孩儿懒，惹得人人不耐烦。
- 小鸡娃斗不过恶老雕。
- 小财不出，大财不入。
- 小车不倒只管推。
- 小笼子关不住大鸟。
- 小心没大错。
- 小马拉大车。
- 小钱不花，大钱不来。
- 小人常因财色死，禽鸟多为贪食亡。
- 小秃跟着月亮走，谁也不沾谁哩光。
- 小树要修，孩子要教。

- 孝顺公婆自有福，勤种庄稼自有谷。
- 笑贫不笑娼。
- 血债要用血来还。
- 血汗钱，万万年。
- 鞋子大小脚知道。
- 鞋厚不扎脚。
- 心有余而力不足。
- 心不正，行不端。
- 心比天高，命比纸薄。
- 心强命不强，光落气得慌。
- 新婚三天无大小。
- 新官上任三把火。
- 新三年，旧三年，缝缝补补又三年。
- 新媳妇坐轿头一回。
- 信则有，不信则无。
- 行船恰遇顶头风。
- 行不更名，坐不改姓。
- 兴你不仁，许我不义。
- 行路多开口，天下到处走。
- 兄弟同心金不换，妯娌齐心家不散。
- 秀才不出门，便知天下事。
- 秀才造反，三年不成。
- 虚心使人进步，骄傲使人落后。
- 虚心明义理，实心却物欲。
- 鲜花插在牛粪上。
- 选婿莫只选金钱，选女莫只选容颜。
- 学在苦中求，艺在勤中练。
- 学好三年，学坏三天。
- 学问学问，边学边问。

Y

- 有鸡叫天明，鸡不叫天也明。
- 牙疼不是病，疼起来要了命。
- 言多语失，食多伤身。
- 檐下不能长避雨，娘家不能长住女。
- 盐多了咸，话多了烦。
- 阎王爷不嫌鬼瘦。
- 淹死会水的，打死犟嘴的。
- 严师出高徒。
- 言轻休劝人，力小不拉架。
- 阎王要你三更死，谁敢留你到五更？
- 眼馋肚里饥。
- 眼过千遍，不如手过一遍。
- 眼药吃到肚里了。
- 眼不见，心不烦。
- 眼观六路，耳听八方。
- 羊毛出在羊身上。
- 养兵千日，用兵一时。
- 养猪养羊，本短利长。
- 腰里无铜，寸步难行。
- 摇头不算点头算。
- 咬人的狗不露齿。
- 药不治假病，酒不解真愁。
- 要钱没有，要命一条。
- 要想家庭好，事事多商讨。
- 要求子孝，先敬爹娘。
- 要过三年饭，啥事不想干。
- 要知天高地厚，还得三十以后。
- 要吃还是家常饭，要穿还是粗布衣。

- 要想好，大让小；小欺大，坏家法。
- 要想公道，打个颠倒。
- 一家只知一家，和尚不知道家。
- 一个鼻孔出气儿。
- 一个萝卜一个坑。
- 一口吃不成个胖子。
- 一白遮百丑。
- 一人得道，鸡犬升天。
- 一人之下，万人之上。
- 一荣俱荣，一损俱损。
- 一石激起千层浪。
- 一头碰到南墙上。
- 一方水土养一方人。
- 一瓶子不响，半瓶子咣当。
- 一寸光阴一寸金，寸金难买寸光阴。
- 一人不进庙，二人不看井。
- 一朝被蛇咬，十年怕井绳。
- 一口唾沫一个钉。
- 一日为师，终身为父。
- 一房好媳妇，三代好儿孙。
- 一撅屁股，就知道要屙啥屎。
- 一生儿（岁）看大，三生儿（岁）知老。
- 一笔画不成龙，一锹挖不出井。
- 一家人不说两家话。
- 一心没二用。
- 一脚踢不出个屁。
- 一个巴掌拍不响。
- 一山不容二虎。
- 一只羊是放，一群羊也是放。
- 一竿子插到底。

- 一皮隔一皮，妗子不如姨。
- 一只老鼠坏了一锅汤。
- 一块臭肉，沾的满锅腥。
- 一把钥匙开不了千把锁。
- 一根线上绑的两只蚂蚱。
- 一报还一报，冤冤相报何时了。
- 一手交钱，一手交货。
- 一人吃饱，全家不饿。
- 一分价钱一分货。
- 一岁年龄一岁人。
- 一年三百六十天，谁家灶房不冒烟。
- 一人难称十人意。
- 一有百有，一穷百穷。
- 一人传虚，百人传实。
- 一勤交十懒，不懒也要懒；一懒交十勤，不勤也要勤。
- 一顿吃伤，十顿喝汤。
- 一家富，百家妒。
- 一时得了高官做，忘了沿街捧瓢时。
- 一把椅子轮着坐，当了媳妇当婆婆。
- 一等二靠三落空，一想二干三成功。
- 一个锅，一个盖，谁家老婆谁家爱。
- 一辈不问两辈事，一代不管两代人。
- 一分钱难倒英雄汉。
- 一枝动，百枝摇。
- 一窝老鼠不嫌臊。
- 一把鼻涕一把泪。
- 一辈子看不见后脑勺。
- 一肚子坏水。

- 一分钱掰成两半花。
- 一言既出，驷马难追。
- 一个唱红脸，一个唱白脸。
- 一个葫芦两个瓢。
- 一个将军一个令。
- 一根肠子通到底。
- 一人做事一人当。
- 一日不见，如隔三秋。
- 一是一，二是二。
- 一条道跑到黑。
- 一分钱掉地上沾四两土。
- 一夫当关，万夫莫开。
- 一块石头落地。
- 一马不跨双鞍。
- 一分耕耘，一分收获。
- 一会儿猫脸，一会儿狗脸。
- 一碗豆腐，豆腐一碗。
- 一样树开百样花。
- 一张嘴难说两家话。
- 一正压百邪。
- 一个篱笆三个桩，一个好汉三个帮。
- 一家人，亲又亲，打断骨头连着筋。
- 一不做，二不休，杀人不成反为仇。
- 一个汗珠摔八瓣。
- 一步走错，全盘皆输。
- 一朝情意断，处处不顺眼。
- 一颗牙疼，半个脸肿。
- 一块石头落了地。
- 一勤生百巧，人勤春来早。
- 一步踩不死一蚂蚁。
- 一脚门里，一脚门外。

◆ 一本好书，相伴终生。

◆ 与邻为善，以邻为伴。

◆ 以小人之心，度君子之腹。

◆ 衣来伸手，饭来张口。

◆ 阴恶之恶大，显善之善小。

◆ 阴来阴去下大雨，病来病去病死人。

◆ 阴一套阳一套。

◆ 赢了官司输了钱。

◆ 用人不疑，疑人不用。

◆ 有饭别嫌淡，有驴别嫌慢。

◆ 有一利必有一弊。

◆ 有福同享，有难同当。

◆ 有仇报仇，有冤报冤。

◆ 有好汉无好妻，赖汉娶个花滴滴。

◆ 有山靠山，没山独担。

◆ 有货不算穷客。

◆ 有羊不愁赶山上。

◆ 有钱人过年，无钱人过关。

◆ 有好货不如有好行情。

◆ 有钱高三丈，没钱矮三尺。

◆ 有病乱求医。

◆ 有钱能使鬼推磨，无钱便做推磨鬼。

◆ 有财同享，有马同骑。

◆ 有了狠着，没了忍着。

◆ 有车就有辙，有树就有影。

◆ 有一兴必有一败，有一利必有一害。

◆ 有多大的脚，穿多大的鞋。

◆ 有闺女不愁没有婆家。

◆ 有拾金子银子的，没有拾骂名的。

◆ 有头发谁肯装秃子。

◆ 有儿穷不久，无子富不长。

- 有盐同咸，无盐同淡。
- 有眼不识金镶玉。
- 有后娘就有后爹。
- 有人生，没人养。
- 有枣没枣打三竿。
- 有仇不报非君子，有恩不报是小人。
- 有你五八，没你四十。
- 有多大本钱，做多大生意。
- 有理走遍天下，无理寸步难行。
- 有毒的不吃，犯法的不做。
- 有多少水和多少泥。
- 有钱摆阔，没钱挨饿。
- 有话就说，有屁就放。
- 有奶便是娘。
- 有钱的王八大三辈儿。
- 有钱难买我愿意。
- 有啥别有病，没啥别没钱。
- 有钱难买回头看。
- 有所得，必有所失。
- 有钱难买老来瘦。
- 有上坡必有下坡，有进路必有出路。
- 有贼心没有贼胆。
- 又想当婊子，又想立牌坊。
- 油多不坏菜，礼多人不怪。
- 与其多心，不如少根筋。
- 与人方便，与己方便。
- 玉不琢，不成器。
- 鱼怕离水，草怕见霜。
- 遇事不气自逍遥。
- 欲速则不达。

- 冤有头，债有主。
- 冤家宜解不宜结。
- 远在天边，近在眼前。
- 远路没轻重。
- 圆木不稳，方木不滚。
- 越冷越打颤，越热越出汗。

Z

- 在家千日好，出门一日难。
- 在家靠父母，出门靠朋友。
- 在哪摔跤，在哪爬起来。
- 再穷不种丈人田，再饿不进萝卜园。
- 栽不死的葱，饿不死的兵。
- 灾连骨肉，福及亲友。
- 早知今日，何必当初。
- 早生儿女早得继。
- 早睡早起身体好，晚睡迟起百病长。
- 早清明，晚十来一。
- 贼咬一口，入骨三分。
- 赠人玫瑰，手有余香。
- 自己跌倒自己爬起来。
- 自己挖坑自己跳。
- 子孙自有子孙福。
- 字有几解，话有几说。
- 嘴上没毛，办事不牢。
- 嘴巧不如手巧。
- 左眼跳财，右眼跳灾。
- 做糖不甜，做醋酸。
- 做事留一线，日后好相见。
- 做一天和尚撞一天钟。

- 站着说话腰不疼。
- 占小便宜吃大亏。
- 占住茅坑不拉屎。
- 长他人志气，灭自己威风。
- 这山望着那山高。
- 这边耳朵进，那边耳朵出。
- 真的假不了，假的真不了。
- 真金不怕火，怕火非真金。
- 针大的眼，斗大的风。
- 正想瞌睡，递来个枕头。
- 争一米，塞一豆。
- 睁一只眼，闭一只眼。
- 知错改错不算错。
- 治病要治本，刨树要刨根。
- 只有想不到，没有做不到。
- 只有千里的名声，没有千里的威风。
- 只管三尺门里，不管三尺门外。
- 只可意会，不可言传。
- 种瓜得瓜，种豆得豆。
- 众人一条心，黄土变成金。
- 众人拾柴火焰高。
- 猪多无好食，人多无好汤。
- 猪是猪，羊是羊，猪头安不到羊身上。
- 猪吃百样草，看你找不找。
- 竹篮打水一场空。
- 捡了芝麻，丢了西瓜。
- 赚钱不赚钱，落个肚子圆。
- 长兄如父，老嫂比母。
- 诅咒不灵，放屁不疼。
- 抓不住奸臣不煞戏。
- 比上不足，比下有余。

部分口述人名单

杨秀枝，女，91 岁，郏县茨芭镇许洼

石大仙，女，89 岁，郏县白庙乡五里庙

范玉兰，女，88 岁，初中，郏县薛店镇王圪垱

王军梅，女，88 岁，郏县退休教师

韩秀珍，女，85 岁，郏县黄道乡王英沟

魏书占，男，85 岁，大专，郏县总工会退休干部

云茹，女，82 岁，小学，郏县黄道乡王英沟

宋长宽，男，101 岁，已故，郏县安良镇王平庄

王娇，女，101 岁，已故，郏县茨芭镇吴寨

王法堂，男，85 岁，已故

王月梅，女，90 岁，已故

孙桂梅，女，91 岁，已故

王同全，男，80 岁，已故

李桂英，女，90 岁，郏县城关大屯

王风兰，女，88 岁，郏县冢头镇

梁瑞，女，83 岁，郏县冢头镇

王会萍，女，70 岁，高中，郏县龙山街道北街居民

王葵花，女，63 岁，高中，郏县渣园乡退休教师

薛桂香，女，60 岁，高中，郏县农村信用合作联社退休干部

黄树苓，女，60 岁，高中，郏县烟草局退休干部

王改琴，女，70 岁，郏县东大街

徐金花，女，74 岁，郏县城关西街

余荣木，男，66 岁，初中，郏县堂街镇宁庄

朱玉仙，女，65 岁，初中，郏县堂街镇宁庄

王明杰，男，61 岁，高中，郏县政府家属院

高占怀，男，51 岁，初中，郏县薛店镇后冢王

王秋霞，女，51 岁，初中，郏县薛店镇后冢王

赵松敏，女，58 岁，大专，郏县教育局退休教师

朱国伟，男，41 岁，高中，郏县堂街镇临沣寨

余晓转，女，40 岁，高中，郏县堂街镇宁庄

宁花英，女，75 岁，郏县渣园乡王庄

刘桂敏，女，62 岁，高中，郏县劳动局退休干部

马秋云，女，59 岁，初中，郏县堂街镇宁庄

吴瑞芳，女，34 岁，本科，郏县龙山街道办事处

马宏战，男，41 岁，大专，郏县人大干部

郭晓华，女，41 岁，高中，郏县交通局

王光耀，男，62 岁，高中，郏县文化局退休干部

王磊，女，42 岁，本科

马素钦，女，44 岁，大专，郏县新世纪学校教师

徐占杰，男，44 岁，大专，郏县新世纪学校教师

白会琴，女，45 岁，大专，郏县教育局干部

王梓骏，男，33 岁，研究生

王一凡，女，23 岁，研究生，在校学生

王家骏，男，20 岁，本科，在校学生

郭光欣，男，56 岁，高中，郏县广天乡政府

李延红，女，51 岁，高中，郏县茨芭镇双语学校教师

王素粉，女，44 岁，郏县黄道乡山前李

苏天顺，男，71 岁，高中，郏县城关北街

徐慧君，女，58 岁，郏县渣元乡朱庄村

王福琴，女，66 岁，初中，郏县城关大屯

王楚循，女，21 岁，大专，在校学生

李世旭，男，51 岁，大专，郏县茨芭镇政府干部

付秋红，女，51 岁，中专，郏县茨芭双语学校教师

李香焕，女，53 岁，大专，郏县薛店镇冢王东街

叶万央，男，56 岁，郏县城关南街

冯国记，男，60 岁，郏县长桥镇窦堂村

连占旬，女，74 岁，郏县安良镇塔林坡

关秀花，女，89 岁，郏县薛店镇冢王街西村

宋梅英，女，85 岁，郏县薛店镇冢王街西村

张金生，男，72 岁，郏县渣园乡范寨村

布秀珍，女，60 岁，郏县渣园乡范寨村

后记

Postscript

郏县位于河南省中部偏西，背刘山，西汝水，属中原腹地，物华天宝，人杰地灵，历史积淀深厚，形成了灿烂独特的郏县历史文化。但是随着历史的演变更迭和社会的发展，优秀的民风民俗文化渐渐淡出人们的记忆，为履行文联职责，抢救挖掘、保护传承我县历史传统文化，中国作家协会会员、中国民间文艺家协会会员、郏县文学艺术界联合会副主席（兼）王艳萍和先生王光洲（郏县民间文艺家协会名誉主席）夫妇，退休后不忘回报家乡，以一种高度的责任心和情怀，十多年来，不辞辛劳，妇唱夫随，驾车走遍郏县的山山水水、村村寨寨，走访乡绅、文艺文化老人，搜集整理郏县历史传统优秀文化。

功夫不负有心人，有付出，必有回报。《郏县乡音俚语选编》一书即将出版，这是继《郏县民间歌谣选编》《郏县民间谜语选编》书籍后的第三部郏县民间传统文化书籍。民间俚语是人们在日常生活中形成的一种非正式语言表达方式，反映出一个地区或群体的文化特点和价值观念，很多俚语都源于历史事件或文化传统。本书主要收集了充满郏县民间色彩的词语或句子，在搜集整理过程中，始终坚持忠实于口述人，原汁原味地保留地方文化特色。该书的出版也弥补了郏县民间口头文学的空白，具有重要的地方文化文学价值。

由于我们能力水平有限，在编辑整理过程中，难免会有疏漏和不足之处，恳请专家和读者朋友们批评指正。

郏县文学艺术界联合会

2023 年 4 月